BIBLIOTHÈQUE
DE PHILOSOPHIE CONTEMPORAINE

LA
CONSCIENCE COLLECTIVE
ET LA MORALE

PAR

ARTHUR BAUER

OUVRAGE COURONNÉ PAR L'INSTITUT

PARIS
LIBRAIRIE FÉLIX ALCAN
108, BOULEVARD SAINT-GERMAIN, 108

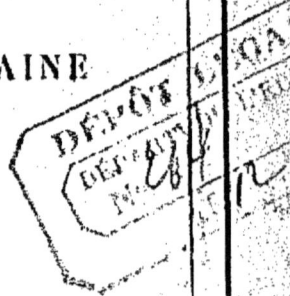

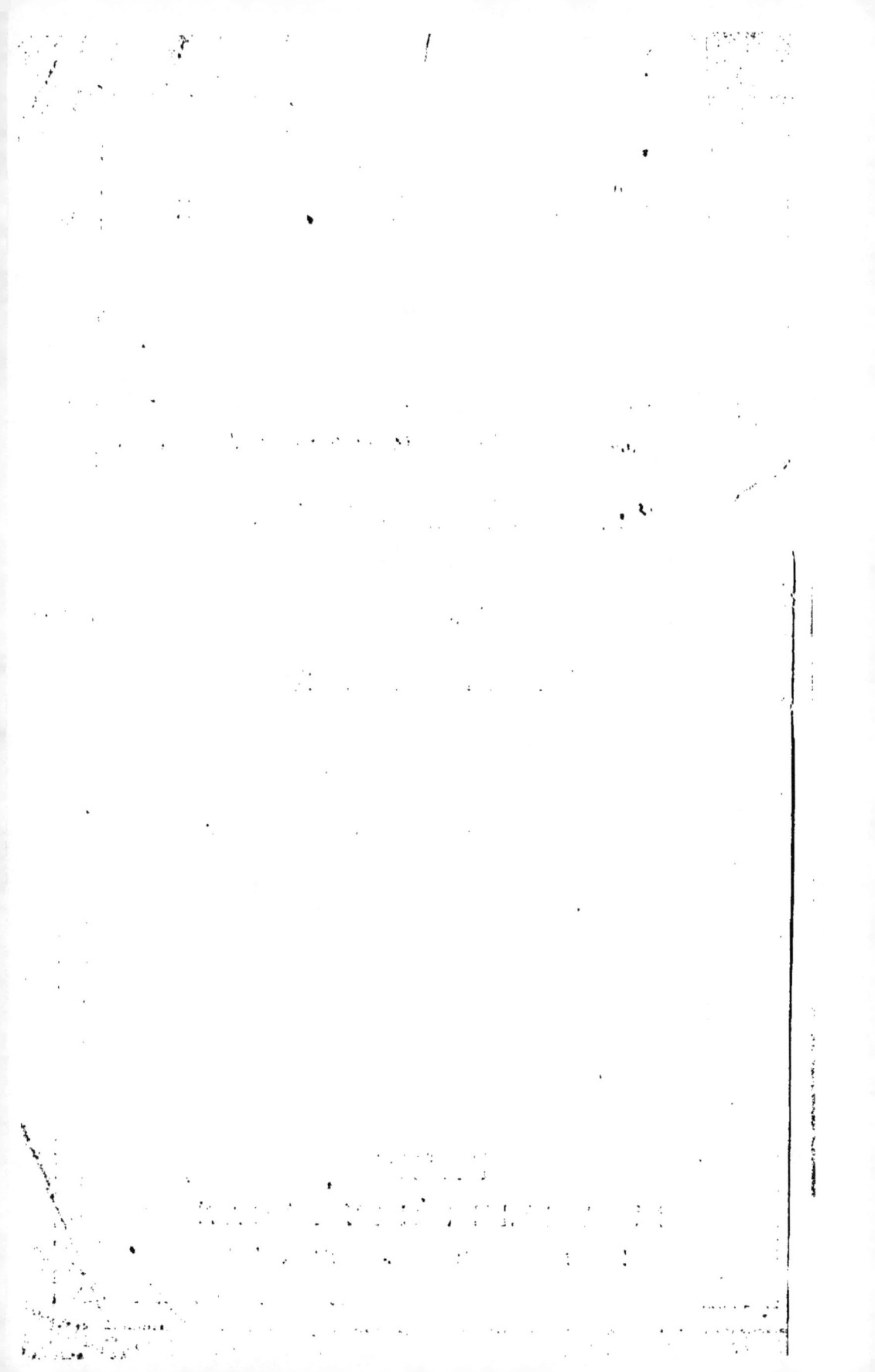

LA
CONSCIENCE COLLECTIVE
ET
LA MORALE

OUVRAGES DU MÊME AUTEUR

Les Classes sociales. (*Récompensé par l'Institut.*) 1 vol. in-8º. Giard et Brière.

La Logique dans l'Histoire. Brochure in-8º. Giard et Brière.

Essai sur les Révolutions. (*Récompensé par l'Institut international de Sociologie.*) 1 vol. in-8º. Giard et Brière.

LA
CONSCIENCE COLLECTIVE

ET

LA MORALE

PAR

ARTHUR BAUER

Ouvrage couronné par l'Institut.

PARIS

LIBRAIRIE FÉLIX ALCAN

108, BOULEVARD SAINT-GERMAIN, 108

—

1912

AVIS

———

La Conscience collective et la Morale est la première partie du mémoire présenté à l'Académie
des Sciences morales et politiques sur la question :
*De la place qui doit appartenir à la morale aux
divers degrés de l'Enseignement public.* Sur le
rapport de M. G. Compayré, ce mémoire a été
l'un des deux qui ont eu l'honneur de se partager
le prix Bordin. (Séance du 18 novembre 1911.)

———

LA
CONSCIENCE COLLECTIVE
ET LA MORALE

INTRODUCTION

S'il est une chose en dehors de toute con-
testation, c'est la puissance, sans cesse crois-
sante, de l'homme sur le monde physique.
« La science, a dit Descartes, nous rend
comme maîtres et possesseurs de la nature »,
et cette pensée devient de plus en plus l'expression de la réalité. Chaque jour amène
quelque découverte nouvelle, plus surpre-
nante que les précédentes ; les merveilles
rêvées par les conteurs les plus audacieux
sont d'un usage courant ; et nos modernes
ingénieurs soutiendraient, sans trop de désa-
vantage, la comparaison avec les magiciens
du moyen âge, fussent-ils entourés des fées,
des génies et autres serviteurs surnaturels
que leur attribuaient les croyances naïves de
cette époque.

Mais cet empire de l'homme cesse, dit-on, aux limites du monde moral. Autant les forces matérielles se montrent soumises et dociles, autant les forces morales paraissent réfractaires et rebelles. Tout à l'heure les progrès étaient manifestes et capables de donner, sinon de l'orgueil, du moins une légitime confiance dans les facultés humaines. Mais toute cette superbe, disent les sceptiques, doit tomber, quand on envisage l'état de l'homme au point de vue du bonheur et du bien.

La race s'est-elle améliorée ? Non, répondent les statistiques. La taille s'abaisse, les figures pâlissent et s'émacient. La moyenne de la vie augmente peut-être. Mais ce n'est pas que la vigueur se soit accrue, c'est simplement parce qu'il y a un plus grand nombre de souffreteux et de malades. — Les richesses se multiplient, mais sans profit pour l'humanité. Mal réparties, elles affluent dans un petit nombre de mains et servent, chez ces douteux privilégiés, à faciliter des fantaisies extravagantes et à entretenir des vices coûteux. Elles manquent ailleurs, dans la foule toujours plus grande des misérables qui vont promener dans les rues opulentes leurs figures hâves et menaçantes, en attendant l'occasion de se ruer sur une civilisation menteuse à toutes ses promesses de justice. Les savants ont asservi les forces de la nature ; ils ont domestiqué la vapeur et l'électricité; ils ont construit des machines aux rouages agencés avec art et dont les muscles d'acier poli travaillent sans relâche et sans défaillance. Mais l'ouvrier qu'est-il devenu ? Une dépendance de la machine, un ancien maître asservi qui se révolte contre l'instrument de sa déchéance et qui en cherche la destruction par le sabotage dissimulé ou par les violences ouvertes de la grève.

Ces sentiments de révolte n'apparaissent pas seulement chez des loqueteux affamés et dans les populations ouvrières. Ils ne craignent pas de se montrer là où, jusqu'à une époque récente, ils étaient restés inconnus. Des fonctionnaires, d'ordinaire très respectueux de la hiérarchie, ont menacé d'user des libertés syndicales pour exercer une pression sur leurs chefs. Parfois ils ont passé des menaces aux actes d'insubordination. A plusieurs reprises, les agents des postes se sont mis en grève, et, dans des congrès, des instituteurs ont réclamé ouvertement le même droit. Enfin, l'armée elle-même n'est plus l'asile inviolable de la discipline, et plus d'une fois l'*Internationale*, qui promet des balles aux généraux, a retenti aux oreilles des officiers. La famille elle-même se désagrège. La femme, lassée d'une obéissance plus apparente que réelle, brûle solennellement le *Code civil* qui a le tort de conserver les traces inoffensives de son ancienne sujétion. L'homme cherche des compensations au dehors, et les divorces se multiplient. Les enfants, tiraillés en deux directions contraires, profitent du désaccord pour n'en suivre aucune. Ils s'émancipent de toute tutelle longtemps avant l'âge légal. Dans les grandes villes les criminels précoces abondent et se glorifient de leur nom d' « apaches ».

Inutile de prolonger la peinture de ces maux. En supposant que des esprits chagrins la poussent trop au noir, il n'en est pas moins vrai qu'elle correspond à une réalité, réalité que l'observation révèle et que les statistiques les mieux établies constatent.

En résumé, l'instruction est très étendue, l'éducation est insuffisante. L'homme est maître de la nature, il ne l'est pas de lui-même. Il y a crise morale. Et si cette crise morale n'est pas l'origine de toutes les misères sociales, elle en est du moins une des causes prépondérantes. C'est donc de ce côté qu'il est urgent de tourner ses efforts.

Comment le faire avec des chances de succès? C'est en employant, dans les sciences morales, les procédés qui ont si bien servi dans les sciences de la nature : ne point user

ses forces dans d'interminables controverses
sur les principes, mais en réserver pour les
applications pratiques ; consentir à descendre
des nuées métaphysiques pour prendre contact avec des réalités plus modestes mais plus
sûres; ne point se complaire à renverser les
théories des autres pour présenter quelque
chimère personnelle destinée bientôt au même
sort, mais procéder d'une façon tout opposée,
et, renonçant à la sotte prétention d'être seul
dépositaire de la vérité, mettre tous ses soins
à en recueillir les parcelles partout où elles
se trouvent.

Ce sont ces idées qui dirigeront nos
recherches et notre critique. La critique sera
essentiellement sympathique. Elle ne cher-
chera pas à faire saillir les divergences, mais
se plaira à mettre en lumière les idées et les
vues communes. Cependant le dernier mot
n'appartiendra pas à l'autorité mais à l'expérience. Les procédés de méthode seront
appréciés, non d'après la rigueur souvent
spécieuse du raisonnement, mais au moyen
des faits, des résultats obtenus réellement
par l'emploi de ces procédés. C'est aussi par
cette nécessité de soumettre toute assertion
au contrôle des faits que, dans l'examen des
méthodes de morale et d'éducation, nous ne
procéderons pas à une appréciation d'en-

semble. Car il ne s'agit pas ici d'un travail d'érudition historique, mais d'un essai de science positive, science dont les théorèmes pourraient se traduire en règles pratiques définies. Il ne s'agit pas de savoir ce qui s'est fait, mais ce qui doit se faire.

Mais que sont les vues les plus ingénieuses et les plus justes, si elles ne reçoivent aucune application? Pour qu'elles soient autre chose que des rêves sans consistance, il faut qu'elles soient accueillies par les esprits compétents, il faut que le travail de réflexion personnelle soit fécondé par la collaboration des forces sociales. De toutes les forces sociales la plus considérable est l'État avec l'immensité des ressources dont il dispose.

Dans la question qui nous occupe[1], il n'est point douteux qu'il puisse contribuer, dans une large mesure, à relever le niveau de la moralité. A une condition toutefois. C'est qu'il attribue à la Morale la place qui doit lui appartenir aux divers degrés de l'Enseignement public, et qu'il prescrive l'emploi des méthodes les mieux appropriées aux circonstances actuelles et à notre état social.

[1]. La question posée par l'Académie était la suivante : « *De la place qui doit appartenir à la Morale aux divers degrés de l'Enseignement public.* » Le présent ouvrage ne renferme que le premier Livre du Mémoire couronné par l'Institut.

CHAPITRE PREMIER

CONCEPTION ET VALEUR DE LA MORALE

La place qu'on doit attribuer à la morale doit, de toute évidence, être en rapport avec la valeur de cette science. Or, la valeur d'une étude se mesure à la fin qu'elle se propose d'atteindre, aux résultats qu'en fait elle est capable d'obtenir, aux méthodes qu'elle emploie, et à la possibilité d'accroître la puissance des méthodes en usage. En outre, comme toute idée de valeur implique une comparaison, il faut mettre en parallèle la morale et les autres matières de l'enseignement. Mais, à son tour, cette comparaison ne peut s'effectuer que si l'on détermine avec exactitude la nature de la morale. Ce n'est qu'après avoir résolu ces questions préliminaires qu'on pourra aborder avec profit le problème des applications pratiques.

Le chemin sera sans doute plus long, mais il sera ainsi plus sûr. D'ailleurs, pour en rendre le parcours plus facile, nous allons en indiquer les principales étapes.

Le premier point à établir est que la morale n'est pas une science purement spéculative, mais qu'elle est surtout une science pratique. On montrera ensuite qu'elle se distingue des autres sciences pratiques par un but bien défini, et que, malgré les rapports avec ces sciences, elle conserve cependant son autonomie. Mais cette autonomie est peut-être illusoire. Il faudra donc répondre aux objections et prouver que, par ses propres ressources, la morale est capable de fixer son idéal et d'agir sur la conduite de l'homme. A leur tour, ces deux résultats — connaissance du bien et pratique du bien — dépendent des méthodes suivies ou à suivre. La logique nous conduit ainsi à l'examen critique des méthodes relatives : 1° à la connaissance du véritable bien ; 2° à la réalisation de ce bien. Cette étude — conduite avec le souci, non de faire montre d'érudition, mais d'aboutir à des applications utiles — nous permettra peut-être de découvrir les meilleurs procédés à suivre. Enfin, la méthode trouvée avec l'ensemble des moyens dont l'expérience a révélé la valeur, il restera à en montrer l'application précise aux divers degrés de l'Enseignement public. Ce sera la partie[1] la plus considérable de cette étude.

---

1. Partie réservée pour une publication distincte.

Notre suprême ambition serait de présenter des vues vraiment réalisables. Pour cela, nous nous efforcerons de ne pas imiter ces réformateurs orgueilleux qui veulent tout transformer d'après leurs idées, sans tenir compte de l'expérience acquise, des habitudes, des conditions, des ressources, des circonstances, en un mot, de l'état social actuel. Ce n'est point pour Utopie, que ce travail est entrepris, mais pour la France de notre époque avec les institutions politiques qui la régissent.

La plupart des disputes qui se produisent entre les hommes naissent de l'incertitude des notions qu'on attache aux mots, incertitude d'autant plus grande que les mots sont d'un usage plus ancien et plus commun, et que, d'autre part, les notions s'appliquent aux choses plus subtiles, plus fuyantes, plus insaisissables de la pensée et du sentiment. La morale est un de ces mots où se marque le mieux ce double défaut. D'où la nécessité, pour bien s'entendre, de fixer avec précision le sens qu'on lui attribue.

A notre époque, très éprise de science, beaucoup de penseurs ont une tendance à ne voir dans la morale que la science des mœurs. En conséquence, ils la traitent avec les procédés qui ont été employés avec succès dans les autres sciences, particulièrement dans les sciences naturelles.

Les faits moraux sont des faits. Or, bien qu'en nous-même il en existe sans doute de semblables, rien ne nous garantit, si l'on se confine dans l'introspection pure, qu'ils présentent toujours et partout les mêmes caractères. Pour saisir les faits moraux extérieurs, il faut donc sortir de soi, s'abstraire même du milieu spécial dans lequel on s'est développé, et étendre ses observations aux époques et aux sociétés les plus diverses. Bien plus, comme l'objet de l'étude touche plus directement à nos intérêts et à nos passions, le véritable savant visera à une plus rigoureuse impartialité : il s'efforcera de considérer les mœurs les plus étranges avec la sérénité de l'astronome moderne qui regarde la lune pénétrant dans le cône d'ombre projeté par la Terre.

Les matériaux réunis, l'élaboration proprement scientifique commence. Le but sera de découvrir, sous les diversités apparentes, les ressemblances cachées mais essentielles, puis de saisir les rapports qui unissent les phénomènes moraux à d'autres faits soit coexistants soit antérieurs. Si ce but pouvait être atteint, l'intelligence serait alors capable de se représenter avec exactitude la réalité morale, de savoir comment la moralité naît, par quelles influences elle se développe, se modifie et se transforme. La morale ainsi comprise viendrait s'ajouter à la liste des sciences purement spéculatives qui visent à mettre la pensée en harmonie avec le réel, et à satisfaire ainsi dans l'homme le besoin de connaître.

Cette conquête serait, à coup sûr, des plus précieuses. Mais fût-elle pleinement réalisée, elle ne serait point suffisante. Considérer la morale exclusivement comme une science, c'est la mutiler et rejeter en dehors de son concept un des éléments les plus essentiels et les plus caractéristiques. La morale, surtout quand elle fait partie d'un système d'éducation, ne se propose pas simplement de satisfaire la curiosité. Elle ne vise à faire ni de jeunes érudits capables de connaître les mœurs les plus bizarres, ni même de petits savants habiles à disserter sur les causes de la grandeur et de la corruption des mœurs.

Elle se préoccupe surtout d'action. Si elle cherche à connaître la nature et les causes des mœurs, c'est pour agir avec plus d'efficacité sur la conduite, pour plier plus sûrement la volonté à des règles capables d'assurer la réalisation du bien et pour l'individu et pour la société. En un mot, la morale n'est pas une science purement spéculative, mais elle rentre surtout dans le cadre des sciences pratiques.

Cependant, puisque cette assertion est contestée à notre époque par des esprits distingués, il est nécessaire de s'y arrêter quelque peu, en montrant que la morale, telle qu'elle doit être entendue dans l'éducation publique, possède tous les caractères des autres sciences pratiques et les porte même à un degré supérieur.

L'industrie s'applique aux transformations de la matière brute. Elle débarrasse le minerai de sa gangue, utilise le métal ainsi purifié ou l'associe avec d'autres dans d'heureuses combinaisons pour le doter de nouvelles propriétés ; elle endigue les torrents, creuse des galeries souterraines, perce les montagnes, construit des routes, des canaux, des chemins de fer... Dans les beaux-arts, l'activité s'exerce aussi sur des choses matérielles. Elle le fait sans doute avec une plus grande délicatesse et en parant ces choses de plus de beauté ; mais c'est avec des pierres que Notre-Dame a été construite, c'est dans le marbre qu'a été taillée la Vénus de Milo, c'est avec un pinceau imprégné de couleurs que Rubens a peint sa *Descente de Croix*, et c'est avec des cuivres, des bois creux percés de trous et des cordes vibrantes que le musicien doit obtenir ses effets. En morale, la matière à travailler, c'est l'homme. Voilà la statue qu'il s'agit de sculpter, non pas seulement dans sa forme extérieure, mais dans ses organes internes, dans l'intimité la plus secrète de ses tissus, dans les fibres les plus délicates de son cerveau, et jusque dans cet asile mystérieux où s'élaborent le sentiment, la pensée et la volonté. Tâche sans doute plus difficile, mais semblable dans le fond, puisqu'il s'agit, comme précédemment, d'apporter des modifications à une réalité donnée.

Pour mériter son nom, une science pratique doit renfermer tout un ensemble de règles propres à diriger l'exécution et à parvenir au résultat voulu. Dans les arts industriels, la technique est arrivée à un haut degré de précision. Ainsi le manuel du métallurgiste indique avec détail les différents procédés à suivre pour laver le minerai de fer, le porter à une haute température, débarrasser le métal en fusion des scories plus légères qui surnagent à sa surface, brûler le carbone en excès dans la fonte, soumettre la masse de fer puddlée au marteau-pilon, la faire passer au laminoir pour la transformer en barres... Dans les beaux-arts, les règles ne peuvent pas toujours être formulées avec une pareille préci-

sion. Elles existent cependant. Et ce qui le
prouve, c'est que, là où la tradition manque,
l'art passe par une longue enfance et s'essaye
dans des ébauches informes, tant que les
meilleurs procédés n'ont pas été découverts,
choisis et retenus. Quand les opérations à
faire portent sur l'homme, elles doivent d'autant moins être livrées au hasard que les
résultats sont plus difficiles à obtenir. Ainsi
la médecine s'efforce d'améliorer sans cesse
les moyens d'interpréter les symptômes d'une
maladie et de donner les prescriptions les plus
sûres pour obtenir la guérison. De même, la
chirurgie s'enrichit chaque jour de procédés
opératoires mieux éprouvés pour aller, jusque
dans l'intérieur de l'organisme, couper les
racines du mal. Loin de faire exception, la
morale consiste essentiellement à formuler
des règles de conduite, capables de servir de
guide assuré dans toutes, ou, du moins, les
principales circonstances de la vie. Ce n'est
pas tout. La morale, telle qu'elle doit être
entendue, n'est pas un simple recueil de formules verbales, de mots qui frappent l'oreille
d'un bourdonnement inutile sans aller, jusque
dans l'esprit, réveiller les idées correspondantes. Les préceptes sont faits pour l'action,
et ils n'ont de valeur véritable que s'ils se
prêtent à une application plus facile et plus

sûre. La nécessité d'en faire des réalités vivantes s'impose particulièrement dans l'enseignement public. Le maître, soucieux de remplir dignement sa mission d'éducateur ne se contente pas de meubler la mémoire de belles phrases, mais il cherche à faire pénétrer la règle tellement dans les profondeurs de l'être que cette règle, incorporée pour ainsi dire à la substance de l'être, devienne une sorte d'instinct acquis, une seconde nature plus forte que la première. D'ailleurs, qu'on le veuille ou non, dans la famille, à l'école, dans la société, la vie n'est qu'une incessante application de règles de conduite. Dans la plupart des cas, ces règles, résultat d'un empirisme peu éclairé, sont vagues, douteuses ou même erronées. La morale, comme science pratique, vise à donner à ses prescriptions plus d'efficacité et de rectitude. Or les maîtres des écoles se trouvent dans les conditions les plus favorables pour éprouver, par l'usage incessant qu'ils en font, la validité des préceptes pédagogiques, soumis constamment à l'infaillible pierre de touche de l'expérience. Comment donc cette expérience accumulée n'aurait-elle pas chance d'amener des progrès dans la méthode ?

Un dernier caractère des sciences pratiques, est que chacune d'elles tend à des fins hiérarchisées. La science pure — en dehors peut-être des mathématiques qui étudient des formes immobiles — s'applique sans doute à connaître les choses et les faits, mais aussi et surtout à en découvrir les causes et les raisons. Elle regarde en arrière, et, par une marche régressive, va des effets aux antécédents, de ceux-ci aux conditions antérieures, jusqu'à ce qu'elle arrive aux causes les plus simples et les plus générales, celles qui sont, ou qui, du moins, paraissent être à la racine des choses. Toute science pratique suit une marche inverse. Préoccupée des résultats à obtenir, elle envisage les conséquences des actes, les propriétés des choses, et, par une combinaison d'influences diverses, va, dans sa marche progressive, d'effets plus simples à des effets plus complexes, pour parvenir à une fin dernière, qui est le but ultime de ses efforts et qui la caractérise. Même lorsque les forces sont empruntées à la nature, l'impulsion qui les met en jeu ou les utilise vient de l'homme, et cette impulsion intelligente et voulue, par une chaîne plus ou moins longue d'intermédiaires, aboutit à l'homme dont elle vise à satisfaire les diverses tendances. En un mot, chaque science pratique a son bien propre, son but, sa fin, toutes expressions équivalentes. Il s'ensuit que chacune a sa valeur propre, déterminée par l'importance du bien qu'elle poursuit et par l'efficacité des moyens qu'elle emploie pour y parvenir.

Quelle est donc la valeur de la morale, quand on la compare à celle des autres sciences pratiques ?

La morale a la prétention de les dominer toutes par l'élévation du but qu'elle propose. Et cette prétention paraît fondée. En effet, tandis que chaque science pratique s'occupe d'une seule espèce de bien, la morale a pour office propre d'examiner toutes les formes du bien, de les comparer entre elles, d'apprécier leur valeur respective, afin de découvrir le souverain bien. Or, à moins de condamner la réflexion comme inutile, il est à croire que cette étude prolongée permettra de dégager, de mieux en mieux, le véritable bien au milieu des apparences et des simulacres que l'imagination individuelle et l'opinion vulgaire poursuivent.

Il semble bien audacieux de mettre le bien moral au-dessus de tous les autres biens : richesse, santé, plaisirs de la table, du jeu, de l'art, science, habilité politique, autorité religieuse, et cependant c'est ce qu'une comparaison attentive autorise à affirmer.

L'agriculture, le commerce, l'industrie ont pour objectif la création des biens matériels,

leur transport dans les contrées parfois les
plus éloignées de leur origine, leur conservation sous la forme de capitaux fixes ou circu-
lants, en un mot le développement de la
richesse. — La morale est loin de condamner
la richesse, mais elle n'a garde aussi de l'iden-
tifier avec le bien, et surtout d'admettre que
le bien soit en raison directe de la fortune.
Cela n'est vrai ni pour les individus, ni pour
les sociétés. Il y a, en effet, à distinguer au
sujet de la richesse l'utilité vitale, les satisfac-
tions nées de l'opinion vulgaire, et le bien
réel, tel qu'il peut être déterminé par la raison aidée de l'expérience. Or, il est incontes-
table qu'un certain minimum de biens matériels est nécessaire à l'entretien de la vie ; et
la morale, loin de proscrire cette aisance,
recommande à tous les moyens de l'obtenir.
Mais, si les limites sont ici relativement
faciles à atteindre, il n'en est plus de même
pour les biens d'opinion qui peuvent s'enfler
démesurément. Alors, l'argent n'est plus
recherché pour les commodités qu'il procure,
mais il sert à alimenter l'orgueil, la vanité de
la mode, le snobisme, l'excentricité tapageuse
et les vices qu'engendre la facilité à suivre
les fantaisies les plus extravagantes. Ainsi, la
table de ce riche est somptueusement servie.
Mais elle est un piège pour la tempérance.

Bientôt toute l'habileté des illustrations culinaires ne parvient plus à intéresser un palais
blasé, ni à réveiller l'activité d'un estomac,
depuis longtemps surmené et réduit maintenant à élaborer péniblement quelques bols
de lait. Cet autre, voué à l'automobilisme,
se pare d'énormes lunettes qui le font res-
sembler à quelque monstre marin. Il voudrait
faire croire, et s'imagine peut-être, qu'il prend
plaisir à faire « du 70 kilomètres » à l'heure,
en écrasant parfois des chiens et des vieillards. En réalité, s'il se plaît, avec sa machine
puante, à soulever des nuées de poussière et
à traverser les plus beaux sites sans rien voir,
c'est pour se distinguer et écraser de sa
supériorité ploutocratique la foule de ceux
qui ne peuvent se livrer à ce sport aussi coûteux qu'inutile. Voilà, d'autre part, ce richis-
sime américain qui a gagné des centaines de
millions, en vendant aux quatre coins de la
planète les eaux de ce Pactole moderne qu'on
nomme le pétrole. Pourquoi continue-t-il à
combiner des « trusts » encore plus puissants et à poursuivre sa chasse aux dollars?
— Pour entasser de nouvelles centaines de
millions. — Et après? A quoi pourront servir
toutes ces richesses accumulées dans les
mains d'un seul?

Quelle que soit la réponse donnée, elle

tombe sous la juridiction de la morale. Or,
cette morale n'aurait pas de peine à montrer
qu'en général la passion de l'or développe
l'égoïsme, le goût de la domination, l'instinct
de lutte, la volonté de briser tous les obstacles
sans se laisser attendrir par la ruine des
concurrents. D'autre part, cette âpre et insatiable convoitise provoque la jalousie et attise
les colères des déshérités de la fortune. La
société est plus riche dans son ensemble,
mais les pauvres sont plus nombreux et plus
misérables. Les classes moyennes n'échap-
pent pas non plus aux répercussions que
cause un capitalisme excessif. Dans cette
catégorie sociale, les uns, devant l'étalage du
luxe, sont séduits par les jouissances qu'il
promet, et, dégoûtés de la médiocrité, se
ruent à leur tour à la conquête de l'argent,
peu scrupuleux sur les moyens et satisfaits
pourvu qu'ils excitent chez d'autres l'envie
qu'ils avaient autrefois ressentie. D'autres
plus sages restent dans leur situation. Mais
ils ont plus de peine à y rester. Car ils ont à
pâtir de leur sagesse en subissant un taux de
vie plus élevé, en même temps que baisse
leur considération auprès du public. Ils trouvent, il est vrai, des compensations dans
l'estime d'une élite même restreinte et dans
le sentiment de mener une vie plus propre-

ment humaine. Mais ce bonheur, ils le doivent à leur sagesse, non à la fortune. La richesse ne saurait donc être considérée comme l'infaillible critérium du bien.

Si la possession de la richesse n'est pas sans danger, il semble que la santé échappe à toute critique, et puisse être classée, comme le veut l'opinion publique, au premier rang des biens. Rien ne peut donner comme elle le sentiment d'une pareille plénitude de vie ; avec elle, tous les autres biens s'amplifient et s'exaltent : sans elle, les avantages les plus précieux perdent tout leur prix ; elle est la source de l'énergie qui rend l'activité facile et le succès assuré ; elle émousse la pointe des malheurs les plus aigus ; tandis que la maladie est l'auxiliaire et la complice de tous les maux extérieurs. L'hygiène qui entretient et développe la vigueur corporelle, et la médecine qui répare les désordres de l'organisme, doivent donc être comptées au premier rang des sciences. — Cette prééminence ne leur appartient pas. Il est bon de s'occuper de sa santé, mais non de montrer à l'égard de ses organes les inquiétudes ridicules du *Malade imaginaire*. Au moyen âge, régnait la peur du diable, et la vigilance la plus inquiète n'était pas un sûr garant contre ses attaques. Aujourd'hui domine la peur du microbe, et, si la morale ne conservait pas son autorité, les malades, considérés comme des êtres dangereux, risqueraient fort d'être abandonnés dans quelque coin isolé, sans soin et sans secours. D'ailleurs la force physique n'a de prix que si on sait en faire un bon usage. Ce qui manque au jeune apache qui joue du couteau sur les passants attardés, ce n'est pas la vigueur des muscles, ni même le courage de la bête de proie, mais c'est la force morale de résister à la paresse et à l'exemple de vices crapuleux. Un esprit sain vaut encore mieux qu'un corps sain, et, malgré l'adage *mens sana in corpore sano*, il n'en est pas toujours la résultante. Les idées et les tendances les plus funestes peuvent loger dans un cerveau normal. D'autre part, plusieurs éminents docteurs en médecine se sont ingéniés à établir la réciproque, en attribuant à des tares physiologiques la grandeur morale de Socrate, de Jésus, de Pascal, et en ne craignant point d'assimiler le génie à la folie.

Dans sa *Physiologie du goût*, Brillat-Savarin dit d'une façon peu révérencieuse : « La découverte d'un mets nouveau a plus fait pour le bonheur de l'humanité que la découverte d'une étoile. » Il est certain que les jouissances du goût ont eu de tout temps une grande importance. Les héros d'Homère se

réjouissaient d'abondantes victuailles ; Socrate
ne dédaignait pas de prendre part à des ban-
quets dans la compagnie d'Alcibiade qui,
excité par la chaleur communicative de liba-
tions un peu copieuses, célébrait les mérites
de la Vénus terrestre ; Henri IV est devenu un
de nos rois les plus populaires pour avoir
promis au peuple « la poule au pot » ; et les
socialistes modernes proclament, les uns en
enguirlandant leur pensée, les autres sans
détour, que toute la question sociale est dans
le fond « une question d'estomac ». — Des
ascètes convaincus et pratiquants auraient
peut-être le droit de blâmer ces plaisirs, mais
ceux qui ne visent pas exclusivement à « faire
l'ange » n'ont pas à affecter ce suprême dédain
pour les préparations culinaires. La morale
humaine qui fuit tout rigorisme inutile est
loin de proscrire le manuel de cuisine avec
les « honnêtes » recettes qu'il renferme. Ces
recettes sont honnêtes, si elles ne cherchent
pas seulement à flatter le palais et à prolonger un appétit factice, mais si elles tendent
surtout, par des sensations modérément
agréables, à activer le travail des glandes
salivaires et à provoquer dans l'estomac la
production des sucs réparateurs. Un vœu
serait même à émettre à ce sujet, c'est que la
femme, préposée dans les ménages à l'élabo-

ration ou à la surveillance de la cuisine, ne se contente point de la pure routine, mais que, devenue plus consciente de l'importance d'une alimentation appropriée aux personnes et à leur genre de vie, elle ne s'en remette pas au hasard pour le choix des mets et pour la succession des menus. Mais supposons ces choses réglées, il restrait encore à savoir quelle est la valeur relative des plaisirs de la table. La question dépasse la portée du plus parfait des manuels de cuisine. Elle n'est même pas du ressort de la physiologie. Mais, comme dans les cas précédents, elle relève de la morale qui, à tort ou à raison, nous ne le savons pas encore, a pour objet propre l'étude comparative des biens.

Cette recherche, disent les épicuriens, est bien superflue. Il n'est pas nécessaire de se fatiguer à découvrir le souverain bien, tant la nature a pris soin de le désigner clairement. Le vrai bien, c'est le plaisir, non pas sous ses formes grossières où il est plus facile aux critiques de triompher, mais dans ses modes supérieurs, l'amour, le jeu et l'art.

L'amour a eu des panégyristes enthousiastes et des détracteurs moroses. Il n'a pas eu de véritables juges. Les panégyristes n'ont reculé devant aucune hyperbole pour célébrer ses mérites ; les détracteurs le jugent si

dangereux qu'ils voudraient proscrire jusqu'à
son nom. Ces derniers sont, du reste, aussi
sincères dans leurs critiques que les autres
le sont dans leurs éloges.

Si un objet peut donner lieu à de pareilles
divergences d'opinion, c'est qu'il est de
nature complexe et qu'il se présente sous des
aspects très divers. Comme, d'autre part, cet
objet a, de l'aveu de tous, une très haute
importance dans la vie, il serait ici plus nécessaire qu'ailleurs d'en faire une étude appro-
fondie et exacte. Cet art d'aimer, qui ne serait
pas un manuel de galanterie à l'usage des
débauchés des deux sexes, commencerait par
distinguer les différentes espèces d'amour. Il
montrerait que l'amour n'est pas une simple
fonction physiologique et, suivant le mot bru-
tal de Chamfort, « le contact de deux épi-
dermes ». C'est peut-être à cela qu'il se réduit
chez les bêtes, et encore il n'est pas prouvé
que, chez certaines espèces animales du
moins, il n'y entre des éléments plus subtils
et plus épurés. En tout cas, chez l'homme, la
sensation ne s'accompagne pas seulement de
quelque frisson nerveux passager, mais, avant
même qu'elle se soit produite, elle a suscité,
par une mystérieuse attirance, tout un cortège
d'émotions, de sentiments, d'images, d'idées.
Ce ne sont pas seulement deux corps qui

s'unissent un instant, mais deux êtres qui se pénètrent jusque dans l'intimité de leur conscience, et qui, par une sorte de paradoxe arithmétique, font de deux êtres distincts une seule personnalité.

Cet art d'aimer ne se contenterait pas de distinguer, avec Platon, la Vénus uranie de la Vénus terrestre, mais il indiquerait encore par quel culte la Vénus céleste demande à être honorée. Elle ne veut pas des mines, des apparences, des mots, le jeu superficiel du flirt, mais la réalité d'un sentiment qui ne s'évapore point en vaines promesses. Les élans sincères du cœur ne suffisent même pas. Si la volonté d'aimer et d'être aimé n'est point soutenue par l'esprit, elle se lasse bien vite de toutes les difficultés, sans cesse renaissantes, qu'un peu d'adresse aurait pu écarter. Que de vies ont été irrémédiablement brisées pour quelques conseils salutaires qui ont manqué au début, et qui ont été remplacés par les peintures parfois si dangereuses du théâtre et du roman !

Mais, en supposant que le rêve des cours d'amour, tenues par les châtelaines au moyen âge, soit réalisé et que l'art d'aimer soit formulé en règles infaillibles, il resterait encore à apprécier la valeur relative de ce bien et à savoir si, dans des cas déterminés, il ne doit pas être sacrifié à des biens supérieurs. Or, l'amour ne saurait être juge dans sa propre cause. Il tombe donc, lui aussi, sous la juridiction supérieure de la morale.

A plus forte raison en est-il ainsi pour les simples divertissements. Ils étaient condamnés par les stoïciens, par les Jansénistes et, en particulier, par Pascal qui les considérait comme les marques et les causes de nos misères. Jugement trop sévère. Ils ne méritent pas un pareil mépris. L'activité humaine ne peut point peiner sans relâche, appliquée d'un effort continu à des besognes régulières et imposées. Il faut que les organes fatigués par le travail se reposent et que, d'autre part, les facultés restées dans l'inaction s'exercent et emploient, dans la liberté du jeu, les réserves d'énergie qui ont eu le temps de s'accumuler et qui demandent à se dépenser. C'est une loi de la nature à laquelle il faut savoir se plier toujours, mais qu'il faut observer particulièrement dans l'éducation de la jeunesse, où les repos et les jeux doivent être sagement distribués.

Mais comment opérer cette sage distribution? Les hasards de la vie, les fréquentations, les modes ou les caprices individuels, n'ont pas le droit de décider seuls. Le joueur qui passe ses nuits devant une table de baccara,

l'amateur de La Bruyère qui, perdu dans sa
contemplation, prend racine au milieu de ses
tulipes, la mondaine qui se fatigue l'esprit à
combiner toujours de nouvelles toilettes,
auraient tort de prendre trop à la lettre le
proverbe « Des goûts, il ne faut point dispu-
ter ». Sans doute, personne n'a le droit d'imposer ses préférences. Mais la liberté laissée
à chacun ne justifie pas indifféremment tous
les choix. Si l'un d'eux est inférieur ou gro-
tesque, la morale, appuyée sur la raison et
l'expérience, fait bien de le fustiger.

Pour la poésie et les beaux-arts, la suprématie de la morale ne s'impose pas avec la
même évidence. L'art, sous ses formes multiples, est une source inépuisable de plaisirs
délicats. Il ne s'adresse pas aux tendances
proprement vitales, mais, loin de les exciter
par l'appât d'avantages utilitaires, il amortit
leur violence au profit des sentiments désin-
téressés. C'est par l'art que l'homme apprend
à sympathiser avec la nature, et à voir en elle
autre chose qu'un ensemble d'objets matériels, propres à satisfaire la faim ou à procu-
rer un gîte. La poésie dispose d'une grande
puissance évocatrice. Elle met partout de la
pensée, du sentiment, de l'émotion : sous des
colonnes brisées, sous de vieilles pierres couvertes de mousse, elle découvre de la vie, et,

insinuant dans l'esprit du lecteur des formes depuis longtemps disparues, elle empêche l'homme de se confiner dans un coin étroit de l'espace et du temps. Sans l'art, la vie mentale serait bornée aux idées et aux émo-tions qui naissent directement des impres-sions actuelles. Par le secours de l'art, cette vie n'a pour ainsi dire aucune limite. Elle s'étend à tout et devient capable d'embrasser les êtres et les événements les plus divers, parce que l'art sait condenser et renfermer, dans le raccourci d'un poème ou d'un tableau, de grands espaces et de longues actions. Les défenseurs de l'art auraient encore d'autres mérites à ajouter. Aussi, persuadés de sa valeur propre, ils réclament pour lui une complète indépendance. C'est la beauté qui fait le prix d'une œuvre artistique, et, quand cette beauté existe, il n'y a pas lieu de se demander si cette beauté répond ou non aux exigences de la morale. Il suffit que le but de l'art soit atteint.

En outre, peut-on prétendre, le beau n'est-il pas une forme supérieure du bien ? Le bien, tel qu'il est présenté par les moralistes, n'est qu'un ensemble de formules abstraites, dont la haute signification n'est saisie que par un petit nombre d'intelligences d'élite, mais qui n'arrivent pas, chez la plupart, jusqu'aux

sources vives de l'émotion et de la volonté.
Au contraire, le bien, auquel l'art a conféré
le prestige de la beauté, devient vivant, accessible, attirant. Ainsi, tandis que la morale se
fatigue à donner une définition de l'héroïsme
et cherche des raisons, toujours contestables,
pour l'imposer comme un devoir, l'art montre
le héros lui-même. Il le montre de façon à
provoquer, chez les lecteurs ou auditeurs,
non une froide approbation, mais la même
noblesse de sentiments, la même énergie
pour lutter contre les obstacles, le même
esprit de sacrifice. C'est par tous les sens que
pénètre la leçon de vertu, une leçon sans ari-
dité, mais plutôt semblable à ces gouttes de
rosée qui reflètent les couleurs de l'arc-en-ciel
et qui, en même temps, rafraîchissent, nour-
rissent et vivifient la plante. Pour célébrer
plus dignement les louanges du héros, la
poésie épure la langue, bannit les termes
vulgaires qui rappellent les occupations mes-
quines, se fait une règle d'employer seulement les mots évocateurs des grands sentiments, et, pour leur donner plus de majesté,
leur prête l'appui de la cadence et du rythme.
— La musique s'associe à la poésie dont elle
augmente le charme, l'autorité, la puissance.
De sa voix douce, émue ou forte, le chanteur
insuffle la vie dans les mots. Tantôt il les

adoucit en un murmure caressant, tantôt il les lance en des notes frémissantes, et tantôt il les fait éclater, comme des menaces, en des sonorités qui inspirent la crainte salutaire du mal. La langue devient alors vraiment la langue des dieux, capable d'opérer toutes les merveilles attribuées par la légende à la lyre d'Amphion. C'est la poésie et la musique qui ont été les premières et les meilleures éducatrices de l'humanité. — Les arts plastiques disposent aussi de puissants moyens d'expression. Le héros disparu revit dans le marbre ou dans l'airain, sans qu'aucune des petitesses inhérentes à la vie réelle vienne diminuer le prestige de son exemple. Désormais, l'idée est fixée à jamais. De ses lèvres, pourtant closes, la statue répète à tous des paroles de courage, d'indépendance, de compassion douloureuse, de douceur inflexible, de sacrifice. Hercule, aux épaules couvertes de la peau du lion de Némée et appuyé sur sa massue, éveillait chez les Grecs le désir de surmonter les obstacles, comme un Christ, à la tête couronnée d'épines et chargé d'une croix, apprend à se consoler de l'ingratitude des hommes et donne l'inlassable patience. De même la peinture vient au secours des imaginations paresseuses, grossières ou maladroites; paresseuses, quand les mots ne réveillent pas en elles l'image des réalités correspondantes; grossières, quand elles se sont habituées à se repaître de vulgarités; maladroites, quand par elles-mêmes elles ne parviennent qu'à des ébauches confuses, à des représentations brouillées ou fausses. Le peintre représente les êtres et les faits avec une si grande précision que les imaginations les plus rebelles arrivent désormais à se les figurer comme des formes réellement perçues. Or ces formes, souvent supérieures à la réalité, chassent les images triviales que la vie de tous les jours, occupée aux besognes bassement utilitaires, accumule dans l'esprit. Enfin, l'artiste sait grouper les personnages et attribuer à chacun le costume, l'attitude, le geste, la physionomie le plus propres à mettre en relief une action et à la présenter sous son aspect le plus saisissant.

Tout cela est vrai, et bien d'autres choses pourraient être invoquées en l'honneur de l'art. Mais tous ces mérites accumulés ne sauraient prévaloir contre une critique fondamentale : c'est que la beauté littéraire et artistique ne va pas toujours de compagnie avec le bien moral. Platon, qui vivait cependant dans la plus belle période de l'art grec, chassait les poètes de sa République; Nicole, — pourtant contemporain de Corneille, Molière et

Racine, nos gloires théâtrales les plus pures, appelait la comédie « une école et un exercice de vice », et il traitait comédiens et auteurs dramatiques « d'empoisonneurs d'âmes » ; Rousseau s'attaquait avec fougue à tous les arts et les considérait en général comme corrupteurs des mœurs. Or, si cette sévérité a pu s'appliquer aux œuvres supérieures, combien n'est-elle pas justifiée à l'égard de la foule des ouvrages qui cherchent l'intérêt dans la peinture de la corruption et dans l'éveil des passions coupables ! Les plaisirs esthétiques ont donc une valeur très variable, et c'est encore à la morale qu'il appartient de l'apprécier.

Des objections plus graves peuvent être élevées contre la suprématie de la morale, objections tirées de l'importance qu'on attribue justement à la Logique, à la Politique et à la Religion.

Bacon proclamait la Logique l'art suprême, *ars artium*. Il est certain qu'elle exercerait une domination légitime sur toutes les autres sciences pratiques, si elle était parvenue à réaliser ses prétentions, c'est-à-dire si elle était capable, par elle-même, de tracer à chacune d'elles les règles de la vraie méthode. Mais l'histoire des sciences montre que les progrès dans les méthodes sont dus, moins

aux logiciens eux-mêmes qu'aux savants spé-
ciaux, qui, rencontrant dans leurs recherches
des difficultés particulières, ont fini par découvrir les moyens de les surmonter. Les logiciens n'ont eu guère d'autre mérite que de
réunir ces procédés, dispersés dans des
œuvres diverses, de les présenter sous forme
de règles, de les mettre en ordre et d'en faire
un ensemble systématique. Suivant toute pro-
babilité, il en sera de même pour la morale.
Tant que, par ses propres efforts, la morale
n'aura pas découvert sa méthode, la logique
reflétera cette incertitude et n'apportera aucun
secours effectif. La logique présenterait même
des dangers, si, confiante dans les procédés
des sciences solidement établies, elle voulait
en prescrire l'emploi dans la morale et pro-
mettait qu'on arriverait ainsi aux mêmes succès. Incapable de remplir ses engagements
sur ce point, la logique des sciences abou-
tirait à une sorte de faillite. Mais ni la science
positive, qui se renferme dans ses justes
limites, ni la morale, qui reste prudemment
attachée à son objet, n'en seraient responsables.

La Société enveloppe l'individu. Elle exerce
sur lui, depuis la naissance jusqu'à la mort,
une influence à laquelle nul ne saurait se
soustraire complètement. La Politique, qui

est l'art de gouverner les Sociétés, a par suite une haute valeur. Quand elle ne se renferme pas dans un empirisme traditionaliste, elle se propose d'améliorer l'organisation sociale, de déterminer les bornes du droit, d'imposer à tous les égoïsmes, disposés à la lutte et à la violence, la contrainte salutaire des lois, et, au besoin, de réfréner les écarts de conduite par des châtiments proportionnés à la gravité des délits. Mais tous ses efforts aboutissent, en somme, à maintenir l'ordre, et même seulement cet ordre extérieur qui se traduit par des actes. Elle ne cherche pas à pénétrer dans l'intimité des consciences. Certes, la vraie, la sage politique ne doit pas rester indifférente aux sentiments intimes, puisqu'ils sont les ressorts de l'action et les gages les plus assurés d'une conduite conforme aux lois. Mais, quand elle s'y intéresse, ce n'est plus par les voies ordinaires de la contrainte qu'elle agit. Elle fait appel à une science plus délicate, plus pénétrante, dénuée, il est vrai, de force matérielle, mais puissante par la persuasion, à la science formatrice des esprits et des caractères, à la morale.

Une Société n'a pas d'existence propre en dehors des individus qui la composent. Par suite, sa valeur n'est que la résultante, et, pour ainsi dire, la somme algébrique des

valeurs individuelles, dont les unes positives
servent à accroître la somme de prospérité et
de grandeur sociales, tandis que les autres
sont négatives et contribuent réellement à la
ruine et à la désagrégation de la Société. Or,
ce sont les qualités morales qui sont les plus
précieuses et dans l'individu et dans la vie
sociale. Sans elles, les lois fussent-elles écrites
sur des tables de pierre par la Divinité elle-
même au milieu des nuées et des éclairs de
quelque Sinaï mystérieux, ces lois divines et
parfaites resteraient sans efficacité, si les formules, gravées sur la pierre, ne sont pas aussi
imprimées dans les esprits et les volontés.
Supposons, au contraire, une constitution
imparfaite ou même défectueuse entre les
mains de gouvernants honnêtes, c'est-à-dire
de gouvernants qui, pour accomplir leur
devoir, n'ont pas besoin d'un contrôle extérieur, mais qui trouvent dans leur conscience
le juge le plus sévère de leur conduite. L'histoire nous montre, par des exemples variés,
qu'avec cet instrument imparfait, de grandes
choses pourront être accomplies. Ainsi, le
despotisme est, en général, une mauvaise
institution. Mais il y a eu de bons despotes
qui ont racheté le vice de l'institution par la
grandeur de leurs vertus. Tous les empereurs
romains n'ont pas été des brutes sanguinaires

ou lascives; mais, en face d'un Néron qui prend plaisir à incendier Rome, se trouve un Marc-Aurèle qui repousse en personne l'invasion des Marcomans et pourvoit aux dépenses de cette expédition par la vente du mobilier impérial.

D'ailleurs, la politique n'occupe souvent qu'une part très restreinte de l'activité humaine. Elle reste étrangère à toutes les personnes qui, n'ayant aucun droit à exercer, ne sauraient s'intéresser à des affaires sur lesquelles leurs idées, leurs désirs et leurs volontés n'ont aucune influence. Dans les pays démocratiques, les préoccupations politiques sont, il est vrai, plus étendues et plus vives. Mais, en dehors de ceux qui en font leur profession, combien de citoyens restent indifférents et n'éprouvent pas même, tous les quatre ans, le désir de déposer dans l'urne leur bulletin de vote! Au contraire, la morale importe à tous. Qu'on le sache ou qu'on l'ignore, qu'on le veuille ou qu'on s'y oppose, chacun de nos actes est marqué de l'empreinte du bien et du mal, chacun contribue, en quelque mesure, à l'accroissement ou à la diminution de notre mérite; chacun d'eux, en un mot, tombe sous la juridiction de la morale. Enfin, une dernière raison en faveur de la prééminence de la morale, c'est que la

conscience juge la loi et ne s'incline devant
elle que si cette loi est en harmonie avec les
règles de la vraie justice. La loi qui ne serait
qu'une simple émanation de la force, manque
d'autorité. Plutôt que de lui obéir, il se trouve
des Antigone qui se laissent enterrer vivantes.

La rivalité la plus redoutable pour la morale
est celle qui vient de la Religion. Car la religion, plus encore que la morale, prétend être
qualifiée pour établir le souverain bien.

Tout d'abord, elle peut invoquer, en sa
faveur, l'antiquité de son influence. C'est elle
qui, la première, a introduit dans les esprits
l'idée d'une volonté supérieure aux tendances
purement personnelles et égoïstes. C'est elle
qui a donné à cette idée assez de force et
d'autorité pour atténuer la férocité des instincts primitifs. C'est elle qui fut la première
institutrice de la conscience, en permettant
l'établissement de règles qui n'empruntaient
pas toute leur vertu à la force brutale.

Mais l'ancienneté n'est pas une marque certaine de supériorité. Combien d'institutions,
qui ont rendu de grands services dans le
passé, ont dû se transformer pour mieux
s'adapter à un nouvel état de choses ! Les
Sociétés ne sont pas fixées dans une forme
immobile, et les individus qui les composent
participent à ces changements. Les moyens

d'action doivent donc, pour garder leur efficacité, suivre la courbe de ces variations. De
sorte que, dans une humanité sans cesse en
évolution, la longue existence d'une institution invariable ferait plutôt douter de sa validité actuelle. En tout cas, il est nécessaire de
l'apprécier, abstraction faite des services
qu'elle a pu rendre dans le passé.

Que vaut donc la religion pour l'humanité
présente? Si elle établissait avec certitude une
communication réelle entre l'homme et Dieu,
son éminente supériorité ne serait point douteuse. Pour atteindre le véritable bien, l'homme
n'aurait qu'à suivre docilement les règles
prescrites par une intelligence infaillible et
sainte.

Cette conclusion, tirée de la religion idéale,
s'impose avec une pleine évidence. Mais la
vie pratique s'accommode peu de conceptions
théoriques qui cadrent mal avec la réalité. De
pareilles conceptions ne sont alors que des
souhaits stériles ou même funestes, parce
qu'ils endorment la volonté, ou la détournent
des recherches utiles et des progrès réalisables. Il ne s'agit pas de la religion telle
qu'on pourrait désirer qu'elle fût, mais de la
religion telle que la réalité, actuelle ou historique, la présente. Or le réel est loin de corres-
pondre à l'idéal. D'après la théorie, la révéla-

tion devrait être une, invariable, claire. En
fait, elle ne possède aucun de ces caractères.
Les révélations, prétendues divines, sont multiples, diverses, opposées, contradictoires
même sur des points essentiels. Il n'y a pas *une*
religion, mais *des* religions qui soutiennent
entre elles les luttes les plus ardentes, et sur le
dogme et sur le culte. Les unes n'admettent
qu'un Dieu, d'autres une multitude, les unes
peuplent leurs temples de statues et de ta-
bleaux, les autres brisent les images, et pros-
crivent comme une idolâtrie coupable toute
représentation figurée ; les unes ne sont pas
ennemies de la joie et pensent que la vie,
réservée dans les Champs-Élysées aux ombres
les plus illustres, n'est qu'un pâle reflet de la
vie terrestre ; pour d'autres, la vie actuelle
n'est qu'un temps d'épreuves, la terre, un
cachot d'où l'âme doit s'échapper sans regret
pour retourner dans un monde supérieur, sa
véritable patrie... Inutile, du reste, d'entrer
à ce sujet dans des détails qui seraient infinis.
La meilleure preuve de ces oppositions radi-
cales est fournie par les anathèmes que chaque
religion dirige contre les autres, mais qu'elle
reçoit à son tour. Chacune, confiante dans
son infaillibilité, ne voit dans les autres qu'erreurs, impiétés, sacrilèges ; chacune est exclu-
sive, intolérante ; chacune se ferait une joie,

si elle en possédait la puissance, de détruire, dans de saintes expéditions ou par des supplices expiatoires, les croyances superstitieuses et funestes des religions rivales. Mais, comme aucune n'échappe à ces critiques et à ces violentes excommunications, aucune ne peut être considérée comme l'interprète certaine de la divinité.

Ce qui diminue encore la croyance à une révélation expresse, c'est que cette révélation est faite en des termes obscurs, si obscurs que non seulement le vulgaire s'y trompe, mais aussi les plus savants, qui avec l'application la plus soutenue et la bonne foi la plus entière, ne parviennent pas à en pénétrer le sens. De là, dans une même religion, des hérésies sans cesse renaissantes, des sectes opposées, des schismes qui séparent à jamais les branches du tronc. C'est en vain que, pour conjurer ces menaces perpétuelles de division, les représentants les plus autorisés se réunissent dans des conciles, et se communiquent leurs lumières. L'opposition n'en éclate pas moins et resterait irréductible, si, par lassitude et sous la pression de l'autorité, une apparence d'union ne parvenait à s'établir. Ainsi, aucune religion ne peut montrer la marque certaine de son origine divine; aucune, par suite, n'a cette autorité absolue qui plierait toutes les volontés intelligentes à ses règles infaillibles.

Les religions sont diverses et ont une valeur variable. Or, quand on ne se contente pas de subir passivement l'influence de l'éducation, de la coutume et des ambiances sociales, d'après quel critérium doit-on apprécier cette valeur ?

Ce n'est point par la certitude des dogmes, puisqu'ils sont le plus souvent enveloppés de mystères incompréhensibles. Ce n'est point non plus par la beauté des cérémonies qui ne sont que des moyens de parvenir à une fin supérieure. Le poids qui emporte la balance, c'est la grandeur des résultats pratiques. L'arbre se juge à ses fruits. Les fruits consistent dans les progrès moraux qu'une religion a produits dans le passé et qu'elle semble encore capable de réaliser dans l'avenir. Une religion enseigne la cruauté en prescrivant les sacrifices humains ; cela suffit pour que notre conscience la condamne et la repousse. Au contraire, une religion exerce un grand empire sur les esprits et sur les cœurs, quand elle peut montrer, par des effets manifestes, son heureuse influence pour la réalisation du bien, dans les individus, dans les familles, dans les nations et dans l'humanité. *La valeur d'une religion se mesure donc à sa valeur morale.*

La morale n'est pas seulement un juge des religions. Elle peut encore servir de lien entre toutes celles qui méritent d'être conservées. Les religions sont diverses par les prescriptions de détail, par les formules, les cérémonies, les pratiques extérieures. Mais les meilleures s'accordent sur les points vraiment essentiels. Ce qu'elles recommandent par-dessus tout, c'est de distinguer le bien de ses apparences, de l'aimer, de s'y attacher d'une prise solide, et de donner à cette idée la force de surmonter tous les désirs inférieurs. Or, la morale ne propose rien autre chose. Ecartant des divergences de détail, elle peut aussi aspirer à l'universalité qui semble interdite à chaque religion particulière. Elle convient à tous, aux incrédules comme aux croyants. Elle apprend aux croyants à ne point se contenter de vains simulacres, et à ne point considérer les pratiques de piété à la façon pharisaïque, mais comme des moyens de monter à un plus haut degré de perfection. D'ailleurs, d'accord avec la religion sur les points essentiels, elle laisse les esprits religieux libres de donner aux préceptes moraux une autorité qu'ils jugent supérieure à celle de la simple raison. Quant à ceux qui ne croient pas à l'efficacité d'un culte positif, ils trouvent dans la morale le plus sûr moyen de satisfaire les

puissances métaphysiques. Car, si elles existent, elles doivent se conformer à cet idéal de
justice et de bonté, tel qu'il a été élaboré, à
travers les siècles, par l'élite de l'humanité.
« Dieu est où n'est pas, dit Pascal... Il se joue
un jeu... où il arrivera croix ou pile... il faut
parier. » Quelle que soit l'issue de ce jeu, le
sage peut l'envisager en toute assurance. Si
Dieu n'existe pas, le sage n'a pas à regretter
d'avoir suivi les règles de la morale, puisque
c'est par cette science, si ses prétentions
sont fondées, qu'il a pu discerner le véritable
bien et arriver à le réaliser. Si Dieu existe, il
n'a pas à redouter les arrêts de sa justice,
puisqu'il a fait le meilleur usage de ses facultés, et qu'en cherchant à se perfectionner, il
s'est, par une secrète imitation, rapproché du
modèle de perfection qu'est la divinité. Avec
la morale, le gain est certain.

CHAPITRE II

DE LA CONNAISSANCE DU BIEN MORAL

La morale a la prétention de déterminer un bien supérieur à tous ceux que proposent les diverses autres sciences pratiques, d'indiquer les moyens de le réaliser, et même de transformer ces moyens en règles obligatoires. Elle se dit *science*, *technique* et *loi*, d'ordre supérieur.

Mais il ne suffit pas d'émettre des prétentions. Il faut les justifier et montrer qu'elles ne sont pas de simples promesses, réalisables dans un avenir très problématique. Or, la morale est-elle en mesure de prouver, par des faits, qu'elle se rapproche de plus en plus de la réalisation de ce triple objet? C'est ce qu'il convient d'examiner successivement.

Le bien que la morale se propose de découvrir est supérieur à tous les autres. Cela ne veut pas dire cependant qu'il soit absolu, parfait, unique, ou du moins tellement prépondérant que les autres biens puissent, en comparaison de lui, être considérés comme des quantités négligeables. L'absolu est un fantôme insaisissable que les sciences, à mesure qu'elles acquièrent plus de puissance, ne se fatiguent plus à poursuivre. Pourquoi la morale, qui aspire à être une science d'une pratique efficace, ferait-elle exception ? Pourquoi se consumerait-elle en vains efforts dans la recherche du « bien en soi », cette idée platonicienne perdue dans un monde inaccessible ? Il ne faut pas non plus que le souci de la perfection distraie le moraliste de besognes plus modestes et plus urgentes. Tant qu'il y aura une foule aussi compacte de paresseux, d'imprévoyants, de vagabonds, de mendiants, d'ivrognes, de débauchés, de courtisanes, de prostituées de haut et de bas étage, d'escrocs, de voleurs, de jeunes apaches et de criminels endurcis, les moralistes feront sagement de ne pas prescrire un idéal de perfection dont les meilleurs sont encore très éloignés. Cet excès de zèle engendre le scepticisme. Il fait dire aux coupables, intéressés à excuser leurs fautes, que l'honnêteté est une apparence, une chimère irréalisable. Les stoïciens, pour mieux faire ressortir le mérite du bien moral, soutenaient qu'il était le seul bien ; que toutes les autres choses, la richesse, la santé, la force physique, les plaisirs de l'art, la sécurité sociale, la liberté,

étaient indignes de ce nom et restaient, aux
yeux du sage, sans véritable valeur. Ces considérations très nobles étaient capables de
soutenir la volonté d'une rare élite. Mais des
assertions aussi paradoxales choquaient trop
violemment les sentiments communs pour
avoir une véritable prise sur l'immense majorité. Les sages stoïciens, d'un effort hé-
roïque, montaient sur les sommets, mais la
foule restait en bas. Si l'on veut exercer une
action efficace sur soi et sur les autres, il
faut prendre son point d'appui dans la réalité, et, sous prétexte de grandir le bien moral, se garder d'annihiler tous les autres
biens. Ces affirmations, si manifestement contraires à la vérité, enlèvent à un système plus
d'autorité qu'elles ne lui en confèrent. Elles
ont discrédité le stoïcisme et fait dire de lui
qu'il était « une secte de menteurs ». N'imi-
tons pas sur ce point les stoïciens. Mais re-
connaissons, avec une sincérité seule capable
d'inspirer la confiance, que le bien moral
n'est pas inconciliable avec les autres biens,
et que la vertu consiste même, le plus souvent, à en faire un bon usage. Enfin, ce bien
supérieur, vers lequel il faut orienter ses
efforts, n'est pas le privilège des favoris de la
fortune. Il est accessible à tous. Car, contrai-
rement à ce qui se produit pour les autres

biens limités en quantité, le bien moral ne s'épuise point par la possession. Il se multiplie plutôt à mesure que le nombre des possesseurs augmente, semblable à ces petites sources qui, grossies d'affluents toujours nouveaux, deviennent des fleuves immenses. Chacun peut aspirer à ce bien, quelle que soit la situation dans laquelle le sort ait voulu le placer. Et même, par une heureuse compensation, les plus dénués en autres avantages sont parfois les plus riches en vertu et en bonheur.

Comment arriver à découvrir ce bien, et à le marquer d'une empreinte assez précise pour que cette connaissance mérite le nom de scientifique? La morale, considérée comme une science, se trouve exposée à deux reproches contradictoires, mais qui s'accordent cependant sur le point de lui refuser le titre de science. Les uns disent : la connaissance du bien est tellement facile qu'elle peut être acquise par les esprits les plus incultes. Les autres disent au contraire : elle est tellement difficile que les intelligences les plus judicieuses, les plus pénétrantes, les mieux armées des procédés logiques, sont impuissantes à l'obtenir.

Les défenseurs de la première thèse invoquent en sa faveur l'existence d'un instinct, d'un sens moral, d'une raison pratique, c'est-à-dire, de quelque facul‍ innée, qui s'exerce spontanément et qui découvre à chacun, d'une façon immédiate et infaillible, le bien et le mal. S'il en était ainsi, la morale, en tant qu'étude appliquée à la découverte de la vérité, serait inutile. Ou plutôt, elle risquerait d'être nuisible, en brouillant, par des discussions embarrassées, la clarté des notions naturelles.

Au pôle opposé, se trouvent les sceptiques, qui combattent avec vigueur cette assurance dogmatique. L'innéité, pourraient-ils dire en invoquant le mot de Maine de Biran, est « l'asile de l'ignorance », une ignorance incapable de fournir une explication et honteuse d'en faire l'aveu. Elle est même ici quelque chose de pire : elle constitue une véritable erreur. En effet, si la conscience morale était une sorte d'instinct, elle en posséderait les caractères. Elle serait universelle, immuable, toujours d'accord avec elle-même. Or, elle est loin de posséder cette invariabilité. C'est ce que Pascal a fait ressortir avec beaucoup de force dans cette pensée bien connue, mais qui reste la formule la plus saisissante du scepticisme moral : « On ne voit rien de juste ou d'injuste qui ne change de qualité en changeant de climat. Trois degrés d'élévation du pôle renversent toute la jurisprudence, un méridien décide de la vérité... Vérité en deçà des Pyrénées, erreur au delà ! » Cette mutabilité du bien et du juste ne se manifeste pas seulement dans le passé. Elle se continue dans le présent et avec une telle évidence qu'elle se révèle à tout observateur de bonne foi. Les affirmations les plus opposées se heurtent dans un conflit perpétuel, et elles donnent naissance à des antinomies morales aussi irréductibles que les antinomies métaphysiques de Kant. Or, rien de plus contraire à la science que ces incertitudes et ces jugements contradictoires. La seule chose qui reste donc évidente, c'est que la connaissance scientifique du bien est impossible.

Entre ces deux extrêmes, trouve place, à notre avis, la vérité : la connaissance du bien moral, telle qu'elle peut être obtenue par des procédés rationnels et purement humains, est difficile, mais elle est réalisable.

Le pur scepticisme est une thèse d'école, où l'on peut déployer beaucoup de virtuosité, mais que ses défenseurs eux-mêmes ne prennent pas au sérieux. Leurs actions démentent leurs paroles. En apparence, ils tiennent la balance exacte entre les théories morales opposées. Dans le fond, ils ont leurs préférences qu'ils dissimulent par crainte de heurter trop directement les opinions dominantes, ou qu'ils ne parviennent pas à démêler par impuissance dans l'analyse de soi-même. En supposant que ces douteurs absolus et sincères existent, ils sont une infime exception. Ils ne sauraient pas plus empêcher la constitution de la morale que les sceptiques dans les autres sciences ne sont parvenus à en arrêter les développements.

Ce qui leur donne quelque crédit, c'est l'art avec lequel ils savent mettre en relief les oppositions, en ayant soin de laisser dans l'ombre le grand nombre de vérités morales qui sont depuis longtemps établies et reconnues. Mais, si l'on voulait procéder ainsi avec les autres sciences, aucune ne résisterait, ni les plus positives, ni même celles qui passaient pour donner le modèle le plus accompli de la certitude. La géométrie, soumise à cette hypercritique, serait elle-même menacée, et l'antique autorité d'Euclide, confirmée par d'innombrables générations de géomètres, serait méconnue.

D'ailleurs, les attaques contre la morale sont d'autant mieux accueillies qu'elles favorisent souvent l'intérêt, l'amour-propre, l'esprit de parti soit politique soit religieux. Les courtisanes et les femmes tombées parlent, avec un sourire, de l'honnêteté de la femme, et, dans les cas où cette honnêteté ne saurait être mise en doute, elles l'attribuent à l'impuissance de plaire. Les gens médiocres ne sont pas fâchés non plus de rabaisser tout le monde à leur niveau. Ils applaudissent avec fracas aux analyses des La Rochefoucault qui découvrent dans l'or des vertus quelque parcelle impure d'amour de soi. Si, dans la vie d'un grand homme, ils aperçoivent quelque tache, c'est cette tache seule qu'ils se plaisent à considérer et à montrer : ils la porteraient volontiers à leur boutonnière comme la marque du déshonneur universel.

Les passions politiques et religieuses conspirent aussi avec les théories sceptiques. Les déshérités de la fortune prêtent facilement l'oreille aux attaques des politiciens qui répètent avec Proudhon : « La propriété, c'est le vol ». Ils sont tout heureux de mettre leurs convoitises sous le couvert des théories dont ils ne comprennent pas le premier mot, mais que, par un « pragmatisme » inconscient, ils admettent sur la foi des résultats. La religion, de son côté, s'est de tout temps fort accommodée aussi de cette escrime d'idées où, grâce au scepticisme, la raison porte et reçoit les coups. Appuyée sur le mystère, elle s'est plu avec les Pascal et continue à se plaire à abattre la superbe de sa rivale, en niant les découvertes de la raison, sauf à les rétablir au nom de la foi.

Mais les découvertes en morale existent, et elles existent en grand nombre. Les difficultés que soulèvent les problèmes actuels ne doivent pas faire oublier les solutions obtenues. Il faut se rappeler que toute science est progressive et que les progrès accomplis sont des gages de progrès futurs. Le sentiment qui doit soutenir le moraliste dans ses recherches, c'est l'espérance. Espérance et non pas présomption, la sotte présomption de celui qui penserait pouvoir poser le point final dans une des sciences les plus délicates et les plus complexes.

Par quelle méthode découvrir le véritable bien ? Puisque le secours d'une communication surnaturelle est écarté, il reste que cette connaissance sera acquise, comme toutes les autres, par l'expérience, expérience pratiquée sur soi et sur les autres.

Les observations personnelles sont tout d'abord d'une grande efficacité pour distinguer le bien réel de ses apparences trompeuses. La vie est un perpétuel enseignement, parce qu'elle fournit d'incessantes occasions d'avoir des idées et de les soumettre au contrôle des faits. Voilà pourquoi l'homme qui a vécu a, sous ce rapport, une grande

supériorité sur le jeune homme, même de
haute culture intellectuelle, mais dont les
conceptions n'ont pas subi l'épreuve décisive
des réalités senties et vécues. A chaque instant, savants et ignorants sont amenés, par le
cours même de la vie, à se mettre dans l'attitude recommandée par la logique expérimen-
tale. Ils ont l'*idée* d'un bien, et, une fois que
ce bien est en leur possession, ils peuvent
s'assurer, par l'inévitable témoignage de leur
conscience, si la satisfaction éprouvée correspond ou non à leur attente. Combien de rec-
tifications dans les idées les observateurs
attentifs et judicieux ne sont-ils pas conduits
à faire par ces expériences incessamment
renouvelées ! Et aussi que d'heureuses trou-
vailles ! Les héros en morale sont ceux qui,
s'élevant au-dessus des conceptions communes, ont aperçu quelque idée nouvelle et
juste, et qui, au rique de compromettre leurs
propres intérêts, ont eu le courage d'en tenter
la réalisation. Ce sont ces héros qui ont été
les agents les plus actifs du progrès moral.

Cependant les observations purement individuelles et subjectives sont insuffisantes.
Ceux qui s'abandonnent à leur inspiration
personnelle, risquent de prendre leurs fantaisies et les particularités de leur nature pour
les idées fondamentales et les traits essentiels

de l'homme. Mauvais prophètes, ils s'exposent à parler dans le désert, ou à provoquer, chez leurs auditeurs, de violentes oppositions. Les individus, en tant que tels, diffèrent les uns des autres par le tempérament, par l'humeur, par le caractère, par l'éducation, par les habitudes contractées, par la situation, par la fortune, par les circonstances, en un mot, par toute sorte d'influences qui ne sont jamais identiquement les mêmes. Si chacun reste intransigeant dans ses idées et ses sentiments, l'accord ne se fera ni entre les esprits ni entre les volontés. La vérité de l'un, qu'il a puisée dans sa nature individuelle, deviendra le mensonge de l'autre, qui se refuse également à sortir de son moi. L'évidence est la même de part et d'autre, mais une évidence sans contrôle suffisant et, par suite, sans valeur, parce qu'elle s'attache à des croyances dont on ignore la genèse, à des préjugés légués dès l'enfance par l'éducation et entretenus par le milieu spécial où la vie s'est développée.

D'ailleurs les observations que l'on peut faire sur soi-même sont nécessairement particulières, incomplètes et limitées. Toutes les objections qui ont été dirigées contre la méthode subjective en psychologie, sont ici applicables. Les généralisations qui s'appuient sur des faits individuels manquent d'une base solide. Elles risquent d'attribuer à la nature humaine les particularités d'une nature individuelle ou des dispositions propres à une classe restreinte. Le valétudinaire, qui ne veut s'éclairer que de son expérience personnelle, placerait volontiers le souverain bien dans une vie tranquille, avec des désirs modérés et une activité, pour ainsi dire, rétrécie. L'homme plein de santé, qui sent bouillonner en lui de grandes réserves d'énergie, serait plein de mépris pour cette existence placide et monotone. Ce sont les entreprises hardies qui l'attirent, parce qu'elles offrent un champ plus vaste à son activité. Le critérium du bien ne peut donc, pas plus que le critérium du vrai, résulter d'une appréciation purement personnelle, si évidente qu'elle soit pour son auteur. Il doit provenir de l'accord entre les esprits.

C'est la thèse sociologique, thèse que nous approuvons, du moins sous la forme qui lui sera donnée ici.

La théorie morale, qui s'appuie sur la Sociologie, consiste à placer au-dessus des consciences individuelles, faillibles et sans autorité, une conscience collective, seule capable de déterminer le véritable bien et de dicter des arrêts obligatoires. Cette conscience collective est en quelque sorte la voix de l'humanité, une voix pleine d'autorité, parce qu'elle est l'expression de la sagesse de tous les temps. Les idées fausses n'ont pu résister aux chocs multipliés de la réalité ; sans cesse démenties par l'expérience, elles ont été démasquées, reconnues pour nuisibles, et proscrites. Un triage s'est opéré entre les biens et les maux, triage semblable à celui qui s'est réalisé dans la science, à l'égard des vérités et des erreurs. Avec cette différence, toutefois. Tandis que le savant, désireux de saisir la raison des choses, porte surtout son attention sur les antécédents, le moraliste, en quête d'une appréciation des valeurs, considère de préférence les résultats.

Or, depuis une antiquité très reculée, des hommes se sont rencontrés qui, par goût ou par les exigences de leur profession, ont eu à se préoccuper des questions morales. Ils ont eu assez de clairvoyance pour remarquer que le plaisir est loin d'être la marque infaillible du bien. Ils ont reconnu que, pour juger un acte, il ne faut pas le voir seulement dans le moment actuel et, pour ainsi dire, à l'état fragmentaire, mais qu'il est nécessaire de le considérer dans sa totalité, avec tout l'ensemble de ses conséquences et de ses répercussions, non seulement pour l'agent lui-même, mais pour sa famille et la société dont il fait partie. Les premiers maîtres de la morale furent les pères de famille, les vieillards expérimentés qui avaient beaucoup vu et beaucoup appris, les prophètes inspirés, les poètes à l'âme généreuse chantres de l'héroïsme, les législateurs appliqués par les obligations mêmes de leur état à découvrir les règles de la justice, les rois et les chefs d'Etat, rappelés à la modération et à la sagesse par la menace des séditions et dos meurtres, et enfin, les éducateurs, les savants, les philosophes, qui ont à transmettre aux jeunes générations les acquisitions morales du passé, et qui, pour mieux remplir leur fonction, sentent le besoin d'épurer ces connaissances, de les mettre en ordre, de les rattacher à un petit nombre de principes, caractérisés par leur haut degré de généralité.

L'initiative est venue de ceux qui se distinguent par la grandeur du rang social, par l'autorité de l'intelligence ou par le prestige de l'imagination et du cœur. Mais cette initiative serait restée sans résultat, sans la collaboration du public. Une science qui a la prétention de régler en chacun non seulement la conduite extérieure, mais la vie intime de la conscience, ne peut rester indifférente à personne. Chacun est intéressé à apprécier la jus-

tesse des ordres politiques, des prescriptions
religieuses ou des préceptes éducatifs dont il
a eu à subir les conséquences. Et chacun est
capable de faire cette appréciation avec un
instrument très sûr, l'expérience. Les chefs
politiques, religieux ou intellectuels peuvent
donc, s'ils sont avisés, s'éclairer de l'opinion
publique, et rectifier ainsi leurs conceptions
erronées. Dans le cas où ils n'ont pas assez de
clairvoyance pour le faire spontanément, ils y
sont contraints par la force, ou une révolte les
emporte, eux et leurs fausses théories. L'hypo-
thèse pratique est alors condamnée par les
faits, et c'est aux successeurs à savoir tirer
parti de cette expérience. Or, comme ils ont
le plus grand intérêt à ne pas retomber dans
les mêmes erreurs, ils s'appliquent à trou-
ver des règles mieux appropriées aux tendances de la nature humaine et plus capables de servir à la bonne organisation
nationale, qui est si intimement unie au
perfectionnement des individus. De là, des
progrès certains, constatés par l'histoire de
la civilisation.

Cependant ces progrès, tout réels qu'ils
sont, n'ont ni la solidité, ni la rapidité qu'ils
pourraient acquérir, si la méthode adoptée en
morale se rapprochait davantage de celle suivie avec succès par les autres sciences. Cette

méthode consiste essentiellement dans une comparaison assez étendue et assez variée pour découvrir dans les mœurs des rapports constants et généraux. Or, de même que l'observation basée sur un seul individu est insuffisante, de même l'observation bornée à une seule société n'offrirait pas la base voulue pour des généralisations définitives, surtout si cette société était étudiée à une seule période de son existence.

Un des grands mérites de la Sociologie tient à ce que cette science fait expressément usage de cette large voie comparative, en procédant à une vaste enquête sur les états sociaux les plus divers. D'après les indications qu'elle a déjà recueillies, elle a pu, il est vrai, enlever de l'autorité à des croyances qui passaient pour permanentes et qui n'existaient que dans les limites restreintes d'une société et d'une époque. Mais, d'autre part, elle a découvert, sous les apparences les plus diverses, un fonds commun d'appréciations et de règles de conduite, déterminées et, pour ainsi dire, imposées par les exigences de la vie individuelle et sociale.

C'est de ce fonds commun que les moralistes peuvent dégager un idéal du bien qui ne soit ni l'expression de la fantaisie individuelle, ni le reflet d'un état social passager.

Voici, nous semble-t-il, les caractères et les éléments essentiels de ce bien.

Le bien moral consiste surtout dans les qualités internes, dans l'organisation mentale, dans la valeur individuelle. Car, c'est grâce aux dispositions de la sensibilité et à l'attitude de l'esprit et de la volonté, que l'homme de bien — tel que nous le concevons d'après de nombreux modèles fournis par la réalité — parvient à élaborer, pour ainsi dire, les événements extérieurs et sait tirer le meilleur parti des situations où le sort l'a placé. Les alchimistes du moyen âge avaient la prétention de transmuer les plus vils métaux en or. Cette opération chimérique, quand on veut l'appliquer aux corps matériels, devient réalisable quand elle porte sur les faits de conscience. Par une sorte d'alchimie mentale, l'homme pourvu de principes semblables à ceux du stoïcisme ou du christianisme, transforme les maux en biens. S'il est pauvre, il se console de sa pauvreté, en songeant à toutes les séductions dangereuses que provoque la fortune ; il jouit même de sa pauvreté et trouve en elle un stimulant qui le porte aux travaux utiles, parfois au succès. Le sage se comporte ainsi à l'égard de tous les événements, qui ne sont jamais assez malheureux pour ne renfermer aucune parcelle de bien.

C'est par ce bon côté qu'il envisage les choses, lorsque le fait est accompli et que la prudence avait été impuissante à le conjurer. Les qualités morales n'ont pas, d'ailleurs, à s'exercer seulement dans cette voie ingrate. Mais elles sont le plus sûr moyen d'accroître les biens naturels et de savoir en user, au profit de soi-même, de sa famille, de sa patrie, et même pour l'aménagement du monde extérieur, toutes choses qui facilitent à leur tour l'éclosion de nouvelles vertus.

Si, au contraire, l'organisation mentale est défectueuse, elle vicie et corrompt tout ce qu'elle reçoit, même les choses qui passent pour les plus précieuses. Le sybarite se plaint du pli d'une rose ; le riche à millions, reste toujours insatiable d'or, semblable au diabétique qui multiplie ses breuvages sans parvenir à étancher sa soif inextinguible. Il en est pour tout ainsi, chaque fois que la raison, mal éclairée par l'expérience des sages, est incapable de renfermer les désirs dans les limites du bien et de la justice. Il y a des tempéraments si déshérités que tout pour eux est une occasion de maladie ; il y en a d'autres, au contraire, si sains et si vigoureux qu'ils résistent aux conditions les plus défavorables. Il en est de même pour les consciences. Les unes, dépourvues de moralité, engendrent naturellement le mal ; les autres, nourries de bonnes habitudes de sentir, de penser et de vouloir, trouvent en elles la force de le détruire. Les unes sont pathogènes, les secondes pratiquent la phagocytose.

La première des qualités internes, celle qui sert de fondement à toutes les autres, c'est la foi en l'humanité et la confiance en soi. Le scepticisme, quand il n'est pas une arme de combat au service d'une idée dissimulée, empêche tout effort suivi, et, paralysant la volonté, fait de l'homme une épave ballottée au caprice des flots. La confiance, au contraire, est créatrice de force. Elle l'est d'autant plus qu'elle est mieux fondée. Or, c'est ici le cas, puisqu'elle repose sur des idées qui ont subi victorieusement l'épreuve du temps.

Cette confiance en soi et dans l'humanité pourrait se formuler dans un *credo* moral, *credo* modeste, sans prétention surnaturelle, mais qui n'en posséderait pas moins une grande efficacité :

« Je crois que chaque nature humaine renferme en elle des forces, dont le sujet lui-même ne soupçonne pas l'existence et qui sommeillent inertes et sans emploi, tant qu'elles ne trouvent pas l'occasion de se révéler. Le passé est un garant de l'avenir. Comme l'histoire fournit de nombreux exemples de révélations imprévues, de métamorphoses complètes, je crois que ma nature renferme aussi quelque chose de précieux et qu'il suffit, pour le faire surgir, de circonstances favorables et surtout de bonne volonté. Tout est possible, tout est réparable. Ma volonté a faibli ? — Cette faiblesse n'est pas une nécessité de mon être. C'est l'idée qui a manqué de susciter un sentiment assez énergique, et l'idée a fait défaut, parce que je ne l'ai pas cherchée avec des efforts assez persévérants. Je crois aussi à la raison humaine, à l'assistance morale que m'ont donnée et que me donnent sans cesse les sages de tous les temps, ces intelligences chercheuses de vérité et avides d'idéal. Je crois au Bien et à la possibilité de l'acquérir. »

La croyance au bien n'a toute sa valeur que si elle est accompagnée de l'idée du devoir et de la volonté de s'y soumettre. Le devoir consiste essentiellement dans le respect d'une règle générale, fixe, objective. C'est par la soumission à une règle que l'individu échappe à l'incohérence, au caprice, aux variations incessantes qu'entraînent la diversité des intérêts, la mobilité des passions, les simples changements d'humeur, moins encore, le passage fortuit d'une idée, ou le petit frémissement d'un désir superficiel. Or l'individu,

avec son expérience écourtée, resterait longtemps incapable de se fixer à lui-même une
règle inviolable. Pour avoir toute son autorité, la règle doit être générale et avoir un
point d'appui extérieur.

Par son caractère de généralité, elle échappe
à un double reproche, celui de constituer un
privilège ou une duperie. Mais c'est surtout
par son caractère objectif qu'elle possède de
l'efficacité. Cette règle qui n'est pas seulement renfermée dans la conscience personnelle, mais qui est reconnue, suivie, procla-
mée par l'élite de l'humanité, exerce sur chacun une contrainte à laquelle il convient et il
est nécessaire de se plier. L'expérience montre,
en effet, par les exemples les plus probants,
combien le contrôle, la surveillance, la discipline, sont utiles pour les natures les plus
favorisées. Pourquoi les rois, malgré souvent
la noblesse de leur caractère, sont-ils tombés,
pour la plupart, dans de fréquents écarts de
conduite ? C'est que leur pouvoir absolu les
avait privés, en partie, de ces bienfaisantes
résistances qui protègent l'homme de bien
contre lui-même, et l'empêchent de céder aussi
facilement aux emportements de la passion.
Car le désir, arrêté par l'obstacle, laisse à la
réflexion le temps d'apprécier plus sainement
les choses. Il permet à la volonté de rester

fidèle à des idées dont elle reconnaît toujours la justesse et la valeur, lorsqu'elle a toute sa clairvoyance. C'est par la volonté de se soumettre au devoir que l'homme arrive à rester toujours d'accord avec lui-même, *sibi constare*.

La foi en l'humanité et la bonne volonté sont plutôt les conditions préparatoires du bien que ce bien lui-même. Qu'est donc enfin le véritable bien ?

Il réside essentiellement dans la formation d'une personnalité stable, cohérente, qui se subordonne les ébauches de personnalités opposées, qui soit en harmonie avec la fonction et avec le rôle social, qui s'appuie sur les qualités naturelles sans s'y asservir, qui utilise les influences de l'éducation, du milieu et des circonstances, toutes les fois que ces influences s'accordent avec les tendances constitutives de cette personnalité dominante. Le bien, c'est d'être un homme, non pas cet homme général, où les moralistes, par souci d'une perfection impossible, rassemblent les qualités les plus disparates ou même contradictoires, mais un homme chez qui toutes les fonctions mentales s'harmonisent et concourent à la réalisation du type moral le mieux approprié à sa nature et à sa condition. Ce type, qui doit servir de modèle à chacun, n'est pas une de ces idées abstraites, représentations tellement appauvries et vidées de tout contenu réel qu'elles s'évanouissent en fantômes insaisissables. Il n'est pas l'idée vague et générale d'une perfection qui, en théorie, s'appliquerait à tous les hommes, et qui, dans la pratique, ne s'applique à aucun. Il est concret, ou, du moins, n'écarte que les traits particuliers, accidentels, sans importance véritable sur l'ensemble des qualités constitutives fortement unies entre elles. Il pourrait même, soit dans les beaux-arts, soit dans la littérature, donner lieu à une représentation individuelle, à la condition que les traits caractéristiques et propres à l'imitation soient suffisamment mis en relief.

Le principe organisateur de cette personnalité stable et dominante que chacun doit se proposer d'acquérir, c'est la fonction sociale avec toutes les tendances ou habitudes qu'elle impose, quand elle est bien remplie. Sans doute le mieux serait que chacun pût la choisir conforme à ses goûts et à ses aptitudes. Mais, comme cela n'est pas toujours possible, il faut compter sur la puissance de l'habitude pour s'adapter au genre de vie que les circonstances ont imposé. « L'habitude, a dit Pascal, est une seconde nature qui détruit la première. » Or, puisque l'habitude se forme par la répétition des actes et par la

persistance des influences, rien plus que la
profession ne sera capable de marquer l'homme
d'une empreinte profonde, au physique et au
moral. Une personnalité, définie par les occupations professionnelles, tend ainsi naturellement à se produire et résulte d'ordinaire,
qu'on le veuille ou non, de la force même
des choses. Mais, d'après notre principe fondamental, la moralité est œuvre intérieure.
L'individu ne doit pas se considérer comme
un simple produit, ni de l'hérédité, ni de
l'éducation, ni du milieu, ni des circonstances,
ni de l'organisation sociale. Imbu de moralité,
il a foi dans les ressources de son être. Et,
alors même qu'il n'aurait pas dans la société
le rôle qui aurait le mieux convenu à sa
nature, il peut, par des efforts bien dirigés,
s'adapter à sa fonction et établir entre ses
tendances, modifiées dans le sens voulu,
l'harmonie nécessaire à la réalisation d'un
caractère, beau dans toutes les conditions,
même les plus humbles.

Les bonnes actions sortent naturellement
de cette personnalité de prix, de ce caractère
qui est toujours d'accord avec lui et avec le
meilleur de l'humanité. Elles s'unissent entre
elles, se fortifient par cette union et arrivent
à former, pour chaque homme moral, le souverain bien, qui n'est pas l'accumulation

désordonnée de toutes sortes de biens, parfois inconciliables et contradictoires, mais qui est le pouvoir d'obtenir tous les biens convenant le mieux à sa nature perfectionnée ou transformée. *Un* bien ne peut être apprécié d'une façon isolée, ni obtenu sans que d'autres biens soient menacés ou favorisés. Il tient à tout notre être passé et futur, à notre être complet, envisagé avec toutes les attaches qui le relient à d'autres êtres. Il entre comme un élément dans un système. Ainsi la fin ne justifie pas *tous* les moyens, mais seulement ceux qui ne portent pas atteinte à notre fin essentielle, à notre dignité, à l'amour de soi éclairé, au sentiment de l'honneur, c'est-à-dire, au désir de mériter l'estime des personnes dont on apprécie soi-même les idées et les sentiments.

CHAPITRE III

DE LA CONNAISSANCE DU DEVOIR

Le bien individuel n'est pas absolu. Il dépend non seulement de nos dispositions naturelles, mais aussi du monde extérieur, surtout de nos relations avec les membres de la société dont on fait partie, parfois aussi de nos rapports avec les hommes des autres nations ou des autres époques. Par suite, les tendances de notre être ne peuvent s'harmoniser entre elles qu'à la condition de s'accorder aussi avec les forces extérieures qui agissent sur elles.

Tant qu'il s'agit seulement des forces brutes et aveugles de la nature, la raison ne reconnaît en elles rien qui l'incline au respect et qui lui impose des obligations. Si l'homme cherche à accommoder sa conduite à l'action de ces forces, c'est par simple prudence. Il ne se sent pas tenu de se soumettre à de pareilles puissances. Loin de là. Toutes les fois qu'il le juge à propos et qu'il le peut, il se soustrait à leur empire. Il déploie à leur égard toute son habileté, soit pour déjouer leur action, soit pour en tirer parti. Aucune ruse, aucune violence n'est interdite pour les dompter, pour les asservir, pour en faire des esclaves dociles, empressés à satisfaire tous ses désirs. La foudre, attirée par une pointe métallique, apprend à s'écouler inoffensive dans un puits perdu. Et même, cette puissance, autrefois mystérieuse et redoutable, est devenue maintenant une auxiliaire des plus précieuses, et fournit à l'homme des sources abondantes de lumière et de force.

La question se présente sous un autre aspect, quand il ne s'agit plus de choses dépourvues de sensibilité et d'intelligence, mais que l'homme entre en rapport avec ses semblables. La personnalité individuelle ne peut plus alors se développer sans tenir compte de la personnalité des autres. Elle ne jouit plus d'une liberté qui ne serait limitée que par sa puissance d'expansion et de domination. Si elle s'attribue des droits, la raison, interprète de la raison collective, la raison amie de l'ordre et de la généralité, l'oblige d'en reconnaître de semblables aux autres personnalités. Car, sans une règle applicable à toutes, les personnalités diverses, avides naturellement d'une expansion illimitée, se heurteraient les unes les autres dans des conflits incessants. Cette règle qui est une nécessité de la vie sociale, est celle de la justice.

La justice prend deux formes voisines, mais cependant distinctes qui sont la loi civile et la loi morale. Ces deux sortes de lois vont souvent de compagnie. Mais, alors même qu'elles s'accordent dans leurs prescriptions, elles n'ont pas le même point d'application. Dans le Droit, la règle s'applique à des actions extérieures, des actions telles qu'elles peuvent être connues d'une façon objective. La loi morale pénètre plus avant. Elle impose aussi des actes, mais elle les impose comme des manifestations d'états intérieurs. Ce qu'elle vise surtout, ce sont les intentions, les mobiles et les motifs qui ont déterminé la conduite, et qui servent plus que tout autre élément à en fixer la valeur. Or, comme les motifs et les mobiles sortent du fond même de la personnalité, ce que la morale recommande en dernier ressort c'est de nourrir en soi la justice, de l'incorporer à son être, d'en faire un principe d'action si vivant et si dominateur que l'activité se porte d'elle-même à la réalisation d'actes conformes à la justice.

Puisqu'il s'agit ici non de politique mais de morale, voyons quels sont les devoirs prescrits par une conscience qui sent ses rapports étroits avec les autres consciences, et qui reconnaît la nécessité bienfaisante de s'accorder avec elles. Il semble qu'on peut, suivant une distinction connue, les répartir en deux classes : 1° *les devoirs stricts*, essentiels, auxquels aucun membre de la société ne saurait se soustraire sans violer le pacte fondamental qu'implique la vie sociale ; 2° *les devoirs larges* qui laissent plus de latitude dans l'interprétation, parce que les questions auxquelles ces devoirs s'appliquent sont encore controversées, sans que l'opinion publique soit parvenue à se fixer à leur égard.

Devoirs stricts. — L'acte importe moins que le caractère. Car, si le caractère est mauvais, l'acte qui en dérive n'est bon qu'en apparence et par accident, alors même qu'extérieurement il est conforme à la justice. Par exemple, celui qui s'abstient du vol, seulement par crainte du gendarme et par impossibilité de se soustraire à une surveillance attentive, celui-là a l'âme d'un voleur et cèdera à son penchant, à la première occasion favorable.

Ce que la conscience publique réclame le plus impérieusement, ce ne sont pas des mines, des gestes, des apparences, mais des réalités. En un mot, la qualité qu'elle apprécie le plus, c'est la sincérité. Au contraire, ce qu'elle condamne avec le plus de force, c'est

l'hypocrisie, la fourberie, la fausseté, et tous
les défauts de cette sorte. En temps de carna-
val, les gens ne prennent un déguisement et
un masque que pour avoir la facilité de faire
impunément beaucoup de sottises. L'hypo-
crite agit de même avec cette circonstance
aggravante, que le déguisement dure toujours et qu'il est le plus habilement dissimulé.
Chez Tartufe, le costume, l'attitude, la démarche, la physionomie, le geste, la parole,
l'action même toutes les fois qu'elle est destinée à être vue, tous les dehors, en un mot,
sont corrects et conformes au type du vrai
dévot. Mais ce n'est là qu'un vain simulacre.
Pendant que l'automate fait les gestes voulus,
à l'intérieur grouillent toute une foule de
mauvais désirs qui n'attendent que l'occasion
de se réaliser. La fausseté est donc la marque
d'une perversité voulue, persistante, foncière.
Elle est une menace perpétuelle. Elle est ra-
dicalement inconciliable avec la justice.

Le premier devoir est de ne point jouer un
personnage fictif, mais d'être réellement ce
qu'on veut paraître. Cependant, s'il ne faut
point singer le bien, il ne faut pas non plus
tomber dans l'excès contraire, comme le font
les cyniques et les criminels. Le cynique se
met ouvertement en opposition avec les mœurs
publiques. Par suite, sa conduite n'est qu'une

succession d'actes inférieurs au niveau moral ordinaire. Il contribue ainsi à abaisser le type social, dont il est un exemplaire défectueux. Tel l'ouvrier qui multiplie les jours de chômage volontaire, qui se plaît à vivre dans la crasse, et qui se vante de s'enivrer ou de pratiquer d'autres vices crapuleux. Le criminel de profession est encore plus éloigné du devoir, puisqu'il choisit pour fonction propre un genre d'occupation qui s'exerce par une série ininterrompue de délits ou de crimes. Ainsi, le vagabond est un paresseux, qui, ne voulant pas se livrer à un travail productif, a recours à une impudente mendicité et à toutes sortes de larcins. Les souteneurs encouragent la débauche. Ils en vivent, et, quand ils sont troublés dans leur coupable industrie, ils n'hésitent pas à entrer en lutte ouverte contre les agents de la force publique. La courtisane sécrète l'immoralité aussi naturellement que le foie sécrète la bile. Elle est une sorte de méphisto femelle qui souffle les mauvaises pensées, encourage les faiblesses, raille le sentiment, familiarise avec l'idée de toutes les fautes, même des crimes. C'est le génie malfaisant qui fait la guerre à toutes les formes de l'honnêteté, surtout à celle qui consiste à ne point puiser, d'une façon plus ou moins directe, dans les coffres du prochain.

C'est l'ennemie intime qui, ne supportant le voisinage d'aucun sentiment élevé, arrache une à une les qualités de ses amants successifs, parce que ces qualités sont autant d'obstacles à son commerce. Et, sans prolonger la liste des professions déshonnêtes, il en est ainsi pour chacune d'elles. Elles sont, toutes, des sources naturelles de dommages pour autrui : toutes blessent la justice.

Dans les cas précédents, le rôle qu'on s'est attribué ou qu'on n'a pas eu le courage de rejeter, est essentiellement inconciliable avec la justice. Plus l'individu reste fidèle à ce rôle, plus sa conduite est vicieuse et capable de choquer la conscience publique. Au contraire, la condition essentielle pour ne pas heurter les sentiments des honnêtes gens, c'est de choisir une *fonction sociale utile*, et de la remplir en se conformant aux règles prescrites par l'opinion et approuvées, d'ailleurs, par la raison personnelle. Le mot « fonction » est pris ici dans une acception générale et analogue à celle qu'on lui attribue en physiologie, où tous les organes, depuis le cerveau jusqu'à l'intestin, ont une fonction, c'est-à-dire, des actes de nature déterminée à accomplir. A ce point de vue, le cordonnier, qui bat la semelle dans une échoppe obscure, exerce une fonction sociale, comme le magis-

trat qui siège dans un tribunal et qui tient
dans ses mains la fortune, l'honneur, la liberté
des hommes soumis à sa juridiction.

La fonction choisie doit être utile, non seulement à soi mais aux autres. Par exemple,
celui qui reçoit de la Société toutes les commodités de la vie et qui ne donne rien en
retour, est une sorte de parasite. Il viole le
pacte fondamental en vertu duquel les membres d'une association ne doivent pas se réserver tous les avantages, pendant qu'ils font
porter toutes les charges sur les autres. C'est
ce genre d'injustice que commettent les riches
paresseux, dont l'unique occupation est de
s'amuser. Il y en a de l'un et de l'autre sexe.
Mais cette espèce malsaine fleurit plus particulièrement dans le monde féminin.

Après ces éliminations successives, nous
arrivons à ce point central, le point de rencontre où le bien et le devoir s'unissent entre
eux, dans le bon accomplissement de la fonction propre à chacun, celle que les circonstances ont imposée et qu'on accepte, ou celle
que l'on a délibérément choisie. Car le bien,
comme on l'a dit précédemment, consiste à
créer en soi une personnalité stable, cohérente, harmonieuse, où toutes les tendances
s'accordent et tendent à une même fin, parce
qu'elles se subordonnent à l'une d'entre elles

qui est dominante et régulatrice de toutes les autres, la tendance favorisée par l'activité professionnelle. Mais, d'autre part, cette harmonie intérieure ne peut être obtenue que si la fonction, acceptée ou choisie, s'exerce conformément aux règles du devoir de justice, règles qui se rattachent toutes à ce principe fondamental : ne pas nuire — d'une façon directe ou indirecte, visible ou cachée — au bien des autres.

Les autres membres de la société ont des droits, et le respect de ces droits fait partie intégrante du véritable bien personnel. Voici comment: La conscience individuelle est loin d'être hermétiquement close. Elle entretient, au contraire, d'incessantes communications avec les autres consciences. Or, c'est par là que l'idée de justice pénètre en chacun et se consolide. Dès qu'un droit est violé, tous ceux qui n'ont pas un intérêt direct à cette violation, désapprouvent et condamnent cette injustice. Les victimes se plaignent plus énergiquement encore. Quant aux coupables, alors même qu'ils seraient parvenus à cacher leur mauvaise action, ils ne peuvent fermer complètement leur conscience à ces plaintes. Ils sont d'autant plus forcés de les accueillir, qu'elles correspondent mieux à la multitude des appréciations semblables, qu'ils ont enten-

dues ou qu'ils ont formulées eux-mêmes,
toutes les fois qu'ils n'étaient pas en cause.
L'unité de conscience est alors brisée ; des
tendances contradictoires se combattent ; le
coupable joue un double personnage, et cherche à cacher la laideur de ses dispositions
intimes sous des dehors trompeurs. Il tombe
ainsi dans la fausseté et dans tous les défauts
qui en dérivent naturellement. Le bien et le
devoir manquent à la fois.

Précisons cela par quelques détails et quelques exemples, non pas empruntés à une
vague humanité, mais tirés de la vie sociale
actuelle et, par suite, plus susceptibles d'application et aussi de contrôle.

Du haut en bas de l'échelle sociale, *bien
remplir sa fonction*, c'est fournir un travail
régulier et intelligent, c'est-à-dire, bien approprié à la fin poursuivie. Si le travail manque
de régularité, le paresseux et l'amuseur ne
sont pas seuls à pâtir de leurs défauts, mais
la Société en reçoit des dommages, dont
l'opinion publique a le droit de se plaindre.
L'ouvrier qui multiplie les jours de chômage
volontaire, est destiné à devenir un des clients
de l'Assistance publique. Ceux qui, par l'accumulation de faits semblables, auront à supporter une surcharge d'impôts, ont lieu de
critiquer cette paresseuse imprévoyance. En

outre, de pareilles habitudes nuisent non seulement à la considération du coupable, mais
à celle du groupe tout entier. Si peu que la
passion les y sollicite, les membres des autres
groupes, portés par une pente naturelle à la
généralisation, tendront à attribuer à tous les
ouvriers les défauts de quelques-uns. De là
une déconsidération qui se traduira, à l'occasion, par des actes hostiles. Par exemple, de
justes revendications ouvrières seront écar-
tées parce qu'une minorité de travailleurs imprévoyants et paresseux se seront montrés indignes de les obtenir. Le professeur de lycée
ou de collège, assez peu consciencieux pour
s'octroyer quelques jours de congé supplémen-
taires en simulant la maladie, inflige aux sup-
pléants un surcroît de besogne et fait que l'Ad-
ministration académique, devenue défiante,
condamne tous les professeurs à l'humiliation
de fournir, pour des absences légitimes, un
certificat de maladie. Les employés des Minis-
tères qui, dissimulés derrière leurs cartons,
lisent ou composent des comédies, augmentent le nombre des fonctionnaires inutiles,
grossissent le budget de dépenses superflues
et donnent ainsi aux adversaires du Gouver-
nement l'occasion de diriger contre lui des
attaques justifiées en partie. D'autres, moins
soucieux de sauver les apparences, faisaient

de si rares et si courtes apparitions dans les bureaux qu'un ministre, moins négligent que les autres des devoirs de sa charge, dut, pour réagir contre ces abus, obliger tous les employés, bons et mauvais, à signer chaque jour une feuille de présence. Dans une sphère plus élevée, les députés inexacts, qui laissent le plus souvent leur place vide et votent par procuration, discréditent le parlementarisme. Ils ont donné l'idée de ne payer les députés que d'après des jetons de présence. Ils seraient ainsi responsables d'une mesure qui frapperait indistinctement tous leurs collègues, même ceux qui sont le plus attachés à leurs devoirs et qui n'ont jamais eu besoin de pareilles menaces pour éviter les mœurs des écoliers trop amateurs de l'école buissonnière.

L'irrégularité est un défaut si évident que sa malfaisance ne peut échapper aux consciences les moins délicates. Pour être moins apparent, le manque d'adaptation à la fonction n'en est pas moins un défaut réel, et une cause de dommages pour l'individu et pour la société. Quand la fonction n'est pas en rapport avec les goûts, les aptitudes et les connaissances acquises, l'individu, sollicité par des tendances opposées, se porte mollement à l'accomplissement de sa tâche. Il fait laborieusement des efforts pour activer des facultés rétives, tandis qu'il doit refouler des penchants qui ne demandent qu'à suivre leur cours. De là, un état de lutte incessant et le sentiment d'une désharmonie. D'autre part, les résultats sont médiocres ou inférieurs. Ils font ressortir l'incapacité du travailleur et provoquent de justes critiques.

Cependant ce mal pourrait, à la longue, être atténué par la foi de l'individu en ses ressources cachées, et par les efforts persistants et méthodiques qu'il ferait pour les utiliser. Le bien tendrait alors à s'accorder avec le devoir. Au contraire, le mal acquiert toute sa virulence quand les erreurs du jugement ou les sophismes de l'esprit viennent, soit paralyser la volonté, soit la détourner du droit chemin. Alors il ne s'agit pas seulement des dommages matériels que le coupable cause à la Société, ni des risques de même nature auxquels il s'expose et que, du reste, il espère toujours éviter. Ce qu'il menace de ruine, c'est l'idéal professionnel que la tradition lui avait légué et que la conscience collective entretient et fortifie. Soit, par exemple et pour fixer les idées, le médecin ignorant, inattentif, avide, peu scrupuleux, qui soigne la maladie plutôt que le malade. Son langage est une perpétuelle condamnation de lui-même. Il loue ce qu'il ne fait pas, il condamne ce qu'il fait. Il grossit de sa voix le concert des voix accusatrices. Il devient son propre accusateur. A force de proclamer la déchéance de ceux dont il imite la conduite, il finit par se mépriser lui-même. Il a détruit son être moral et social.

Combien est différente l'attitude de l'homme qui ne sépare pas de son bien véritable les charges de sa fonction, même les plus lourdes. Il ne veut point démentir ses paroles. Ce qu'il recommande aux autres, il n'hésite pas à le faire, quand les circonstances l'exigent. Ainsi, l'officier, vraiment digne de ce nom, laisse aux Tartarin le ridicule de retrousser fièrement leur moustache loin du danger, et de se dérober à la première apparence du péril. Son rôle est de supporter les fatigues, de prolonger les marches sous le soleil ou sous la pluie, d'endurer les dures privations d'un siège, de s'exposer aux blessures, d'affronter la mort. Et il éprouve une âpre satisfaction à accomplir son rôle jusqu'au bout. Le bien suprême pour lui, ce n'est pas l'argent, ce n'est pas le plaisir, ce n'est même pas le bruit flatteur de louanges méritées, puisque la mort anéantit tous ces avantages. Le bien, c'est de n'avoir point failli aux obligations dont il a souvent proclamé la nécessité ; c'est de rester fidèle à l'idéal dont il a si souvent reconnu et vanté la beauté; c'est de pouvoir toujours sympathiser avec lui-même; c'est, en un mot, de se peser dans les balances de la justice, et de s'épargner la honte de se sentir trop léger.

Aux charges inhérentes à la fonction, il faut joindre les devoirs de famille et les devoirs envers la Société. Ces deux sortes de devoirs ne font, pas plus que les précédents, obstacle au bien véritable de l'individu, bien qui consiste essentiellement dans la constitution d'une forte personnalité.

Les obligations qui naissent de la vie de famille contribuent, d'ordinaire, et d'une façon très efficace, à consolider un caractère en voie de formation. Le mari et la femme, quand ils veulent rester fidèles aux engagements pris dans le mariage, deviennent l'un pour l'autre une sorte de conscience objective, qui rappelle l'idée du devoir, au moment où la passion tendrait à la rejeter dans l'ombre. Ils se prêtent ainsi un appui mutuel qui les confirme dans leurs bonnes résolutions, et qui les empêche de céder à des excitations ou sollicitations étrangères, dont l'apparence seule est désintéressée.

Mais quelle est la condition fondamentale de cette union et de cette aide morale ? C'est,

chez tous deux, *l'accomplissement de la fonction propre à l'homme ou à la femme*. Que
chacun fasse consciencieusement sa tâche, et
beaucoup des difficultés, où vient se briser
l'harmonie des ménages, auront disparu. C'est
aussi par l'observation rigoureuse des obligations de leur charge, que les parents peuvent
donner à leurs enfants une éducation satis-
faisante et favoriser la formation de leur nais-
sante personnalité. Les exemples incessants
qu'ils donnent d'union solide, de conduite
morale, d'activité laborieuse, sont les moyens
les plus efficaces d'imprimer dans les esprits
des images durables, destinées à servir plus
tard de modèle à la conduite.

L'harmonie entre la fonction sociale et les
devoirs de famille est la règle ordinaire.
Cependant des conflits peuvent se produire.
Tels ces cas où un père se trouve partagé
entre son amour pour son fils et les nécessités de sa charge. Dans les cas de cette nature,
ce sont les devoirs, ou plutôt les sentiments
de famille qui doivent céder. Le népotisme
est une faute, parfois d'une haute gravité, que
l'opinion publique réprouve avec justesse.
User de son influence pour arracher un coupable à un châtiment mérité, ou pour confier
un poste à un incapable, c'est nuire et à l'individu et à la société, c'est commettre une

double injustice. Voilà l'alternative : ou remplir les devoirs de sa charge sans acception de personne, ou quitter sa fonction.

Quelles sont les charges à imposer aux membres d'une Société? C'est aux gouvernants, en possession d'une autorité légitime qu'il appartient de le déterminer. Mais, quand, dans des dispositions législatives régulières, ces charges ont été fixées, le devoir des particuliers est de se soumettre aux lois, et d'accepter les diverses obligations jugées nécessaires à la conservation de la vie sociale. Le devoir s'unit ici encore au bien. Car, c'est par la participation à la vie sociale que l'homme acquiert la plus grande part de sa valeur. Au contraire, si la Nation à laquelle il appartient, vient à être brisée, mutilée, abaissée, il sent le contre-coup de cette déchéance et subit, de ce fait, une véritable *diminutio capitis*. Les Irlandais, les Polonais, les Alsaciens, sont de vivants exemples de l'amoindrissement de la personnalité morale qui a été la conséquence de la conquête. Les idées, les traditions, les tendances, les sentiments anciens, qui constituaient le fond de chaque être, ont eu à subir le choc d'idées, de traditions, de tendances, de sentiments tout contraires, qui, faisant un constant effort pour pénétrer dans la conscience, ont brisé l'unité de la personne, unité sans laquelle le bien moral a plus de peine à se réaliser.

Devoirs larges. — L'individu, mal préparé à débrouiller l'enchevêtrement des faits sociaux, est souvent incapable de discerner les rapports subtils qui le rattachent à ses semblables. C'est au moraliste qu'il appartient de mettre en lumière ces ramifications, parfois si dissimulées, du bien et du devoir. Cette nécessité s'impose plus particuliè ment à l'égard des devoirs larges, que beaucoup ne considèrent pas comme des devoirs véritables, et dont, par suite, ils croient pouvoir s'affranchir sans manquer à l'honnêteté.

Ces devoirs, qui, en fait, laissent tant de latitude dans l'interprétation, sont les devoirs dits de charité ou de solidarité. Ils recommandent l'amour du prochain, amour qui doit se traduire par des actes d'assistance, de défense et de dévouement.

Mais ces recommandations s'expriment dans des formules si vagues ou même si contradictoires qu'elles autorisent ou, du moins, excusent toutes les défaillances. A qui faut-il accorder des secours? Quand et combien faut-il donner? Comme tout cela est laissé dans l'incertitude, beaucoup en profitent pour remplir à peu de frais leurs obligations charitables. De loin en loin, avec un geste imposant et un front orgueilleux, les uns donnent à un misérable, qui les fatigue de ses importunités, une menue monnaie qu'ils accompagnent de conseils ou même de reproches. D'autres, riches négociants qui aspirent à quelque fauteuil municipal, donnent 50 francs à l'Assistance publique, et font retentir toutes les gazettes locales de leur générosité. Il en est enfin qui s'abritent derrière les principes darwiniens de la concurrence vitale ou les idées nietzschéennes, et qui ne donnent rien du tout.

Le moyen de rendre ces devoirs plus certains et plus précis, c'est de les rattacher à la fonction. On verra une fois de plus que le véritable bien ne se sépare point d'obligations déterminées, et même, à l'occasion, de lourds sacrifices matériels.

Le baron Taylor, fondateur des vivantes associations groupées autour de son nom, a, dans une de ses circulaires, formulé cette règle, prise aujourd'hui pour devise de l'*Association des membres de l'Enseignement* : « Il faut secourir avant d'être secouru : c'est à ce prix que le secours honore et celui qui le reçoit et ceux qui le donnent. » Règle excellente, qui mérite de pénétrer de plus en plus dans la conscience collective et de passer à l'état de devoir catégorique. L'individu isolé ne peut, malgré sa prudence, être jamais assuré contre les accidents qui le menacent de toutes parts. Il est exposé à la maladie qui supprime le gain et accroît les dépenses ; au chômage forcé ou à la perte de sa situation ; il peut être frappé dans les siens, dans sa fortune, dans les instruments mêmes de son travail. Le moyen le plus efficace de lutter contre tous ces maux, c'est l'association. Par elle, les risques sont partagés, et le mal, au lieu de se concentrer sur un petit nombre de victimes vouées à la ruine, est dispersé, dilué, atténué, si bien que, moyennant un léger sacrifice consenti par tous, il est à peine senti de ceux qu'il a frappés directement.

Remarquons d'ailleurs que la bienfaisance des mutualités n'est assurée qu'à une condition. C'est que les membres qui les composent, aient assez de moralité pour être de bonne foi dans leurs déclarations, et montrer autant de prudence à éviter les accidents que s'ils avaient été seuls à en subir les conséquences. Le devoir, ici, n'est donc pas douteux. Il se rattache aux prescriptions fondamentales, énoncées antérieurement. Que chacun remplisse sa fonction (métier ou profession libérale) avec soin, avec prudence, avec habileté, et les dommages à supporter par l'ensemble seront réduits au minimum. Au contraire, que des aigrefins usent de ruse et de fourberie, ou même que des maladroits ou des négligents augmentent les frais, et les bons ayant à pâtir d'une pareille association, en sortiront, préférant être leurs propres assureurs. Pour que l'institution dure et conserve toute sa valeur, il est donc nécessaire que les qualités morales, sur lesquelles elle repose, ne fassent jamais défaut.

L'assistance dans le mal est bonne ; la préservation du mal est encore meilleure. Il ne s'agit pas seulement ici des maux matériels, mais de ceux qui menacent la valeur, la dignité, le droit de chacun. Or, ce résultat ne peut être obtenu que par une union encore plus étroite du bien et du devoir.

Le bien consiste à donner à son être toute la perfection spéciale que comporte la fonction. Mais, d'autre part, le devoir, qui proscrit toute injustice indirecte, s'oppose à toute action qui pourrait avoir une répercussion nuisible sur les autres membres du groupe professionnel. Que ce groupe soit constitué en syndicat, ou non, peu importe. Il y a toujours solidarité, solidarité si réelle que chacun est intéressé à la conduite des autres, et qu'à son tour, le groupe entier ne peut rester indifférent à des actes particuliers, il est vrai, mais qui engagent la collectivité. De là des devoirs non douteux auxquels l'individu ne saurait se soustraire, sous prétexte d'indépendance et de liberté. Ces raisons ne sont souvent invoquées que pour masquer, sous des apparences respectables, l'égoïsme et la lâcheté. Certes, l'ouvrier ne doit pas se laisser conduire par des meneurs ambitieux, de bonne foi douteuse ou sincères, mais pleins de fougue maladroite et d'esprit chimérique. A plus forte raison, ceux-ci n'ont pas le droit d'employer la violence contre leurs camarades hostiles à leurs idées. Mais, quand la majorité, après réflexion et en toute liberté, a décidé la grève pour relever des salaires de famine, se défendre contre la brutalité des contremaîtres, sauvegarder l'indépendance politique ou religieuse de tous, se mettre à l'abri des multiples atteintes portées soit aux intérêts matériels, soit à la dignité morale, le devoir est de défendre son droit et de supporter pour cela tous les sacrifices que cette défense exige et que les camarades supportent vaillamment pour le bien commun.

Il faut insister sur ce point, vraiment capital, et montrer comment la justice, tout en restant la même dans le fond, varie dans ses applications, suivant les conditions économiques et sociales. Le contrat entre l'employeur et l'employé doit, pour avoir une valeur morale, être de part et d'autre consenti librement. Or, cette liberté n'existe pas pour l'ouvrier qui traite isolément avec un patron, puissant par les capitaux et toujours capable d'attendre les offres inférieures d'un autre travailleur, plus résigné ou plus pressé par le besoin. Pour que l'équilibre, exigé par la justice, s'établisse entre deux forces aussi disproportionnées, il faut que le débat ait lieu entre le patron, d'un côté, et toutes les forces ouvrières de l'autre. Le contrat doit être collectif. Et, s'il ne l'est pas encore légalement, c'est aux individus intéressés, à le faire passer dans les mœurs et à le considérer comme une règle obligatoire. Ne pourrait-on pas ici appliquer le précepte de Kant et dire aux travailleurs avec une légère variante : « Agis toujours de telle sorte que ton action puisse être érigée en règle universelle valable pour toi, comme pour tous tes compagnons. » Cela ne servirait pas seulement dans le monde des travailleurs manuels, mais la crainte de causer, par son propre abaissement, l'abaissement des autres, aurait une influence heureuse dans toutes les professions. Le député ferait moins de surenchère pour capter les suffrages de ses électeurs ; le journaliste donnerait moins de place aux réclames payantes, et, du haut en bas de

l'échelle, si chacun procédait ainsi, ceux qui
ont le souci de leur dignité personnelle, n'auraient pas à pâtir des vilenies de quelques-
uns, vilenies particulières, mais qui rejaillis-
sent sur la catégorie sociale tout entière.

Le devoir va-t-il au delà de la justice ? Peut-
il, après avoir prohibé le mal, prescrire le
bien non plus de soi-même mais des autres ?

Le devoir suppose une dette et des créan-
ciers. On comprend que, si par ma conduite
je lèse, d'une façon plus ou moins dissimulée,
mais réelle, les autres dans leurs intérêts,
dans leur dignité, dans le développement de
leur personnalité, je doive une réparation, ou,
ce qui vaut mieux, je doive m'abstenir de ces
actes préjudiciables. On comprend aussi que
les victimes des maladresses, des imprudences
ou des vices aient raison de se plaindre et
qu'ils exercent une contrainte morale sur une
volonté mal éclairée ou égoïste et lâche. Mais
il semble que l'obligation ne s'étende pas plus
loin et que la justice, sous son ancienne formule « *ne noceas* », pose les colonnes d'Hercule du monde moral, en tant du moins qu'il
est régi par le devoir. Et cependant, si c'est
là le dictamen de la conscience collective, il y
a des exigences plus hautes qui sont récla-
mées par une conscience plus délicate, plus
avertie aussi, la conscience actuelle d'une élite,

conscience progressive qui tend à s'étendre et à se consolider, et qui sera sans doute la conscience collective de demain.

Ces exigences d'une conscience supérieure peuvent se résumer dans cette formule que Pasteur avait prise pour devise : « En fait de bien à accomplir, le devoir ne cesse que là où le pouvoir manque. »

Mais en vertu de quel principe ? Quels êtres, armés d'un droit légitime, vont-ils réclamer, en leur faveur, l'usage de toute ma puissance ? La réponse est simple, nette et, semble-t-il, concluante. Ce sont les êtres dont l'activité a servi, sert ou servira à mon propre bien. Ces êtres forment une multitude. Bien que la voix de leurs revendications ne forme qu'un murmure indistinct, c'est aux oreilles plus sensibles et plus attentives d'entendre cette voix et de discerner les ordres qu'elle donne. C'est aussi aux moralistes d'en faire ressortir la légitimité. Et beaucoup, sans s'appuyer sur une raison mystique, qui n'est du reste que la projection obscure de la raison humaine, n'ont pas failli à cette tâche.

La vie sociale implique une entr'aide constante, un concours d'activités bienfaisantes, une solidarité du bien. Cette harmonie n'est que vaguement sentie. Beaucoup même la méconnaissent et la nient. Qu'importe ? Si elle

existe, elle engendre des devoirs. Le bien que
la morale recommande comme supérieur à
tous les autres, ne saurait exclure les obligations qui naissent de la vie en société et qui
rendent possible ce bien supérieur. Ici encore
le bien se rattache au devoir, par des liens
plus subtils sans doute, mais pourtant réels.

La conscience collective n'a pas toujours
aperçu nettement ces impératifs et surtout
n'a pas su en donner les raisons. Mais, du
moins, elle les a vaguement sentis et, faisant
encore mieux, elle en a encouragé la pratique. Elle paye de son approbation, de son
estime, de son admiration — monnaie qui
pour quelques-uns a plus de prix que les
plus gros chèques — ceux qui ont fait servir
les puissances de leur être au bien commun.
Elle voue au mépris ceux qui, en possession
des mêmes ressources, les gardent sans
emploi ou les tournent égoïstement à leur
profit. De leur côté, les moralistes clairvoyants
ratifient ces jugements, dictés par l'obscure
vision des relations humaines que crée la vie
sociale. Il y a, en effet, une sorte de contrat
tacite entre tous les membres d'une même
société. Ce contrat, implicitement admis dans
toute association où le bien des uns ne peut
pas être détaché du bien des autres, pourrait, d'accord avec la pensée de Pasteur, se

formuler ainsi : « Je m'engage, comme les autres, à contribuer, dans la mesure de mes forces, au bien commun. »

Cette formule, pour se justifier et acquérir de l'efficacité pratique, demande à être bien comprise. Il s'agit bien ici de dévouement, mais d'un dévouement qui rentre dans l'ordre de nos puissances, de nos capacités, de nos manières propres d'agir, de celles où nous avons acquis plus d'habileté et où, par suite, notre activité, douée de plus d'efficace, peut rendre le plus de services. Le dévouement ne consiste pas dans un petit nombre d'actes privilégiés qui ne sont pas à la portée de toutes les bonnes volontés, comme donner une pension alimentaire aux pauvres, ou se jeter à l'eau pour sauver un misérable qui se noie. Le dévouement dont on parle, le dévouement précieux, parce qu'il est accessible à tous et parce qu'il a été le facteur le plus puissant des progrès de l'humanité, c'est de *porter sa fonction au plus haut point d'excellence*, sans se laisser arrêter par les obstacles, les difficultés, les peines, les risques, les souffrances, la mort même. Le savant doit être savant, et « s'il a la main pleine de vérités », il ne doit pas suivre le conseil égoïste de Fontenelle et « se bien garder de l'ouvrir ». La persécution est un

risque professionnel qui n'est pas plus grave
que celui du couvreur menacé par le vertige
de se fracasser la tête sur le pavé, du sergent
de ville chargé de la sécurité publique et
qui se jette à la tête d'un cheval emporté, du
capitaine d'un vaisseau en perdition qui sur-
veille l'embarquement des passagers avant
de songer à son salut personnel, du mineur
exposé au grisou, de la faible femme en
proie aux douleurs de l'accouchement et qui
souvent meurt en donnant la vie. Non ! il
n'est pas de position, si humble, si obscure
soit-elle, qui ne permette le dévouement et
qui parfois ne l'exige. C'est ce que le poète
Sully-Prudhomme a si bien exprimé dans
Un songe, sonnet qui se termine par le tercet
suivant :

Je connus mon bonheur et qu'au monde où nous sommes,
Nul ne peut se vanter de se passer des hommes,
Et, depuis ce jour-là, je les ai tous aimés !

En résumé, le bien moral — qui englobe
le devoir — c'est d'être un homme, chargé
d'une fonction utile, résolu à l'exercer sans
causer à ses semblables de préjudice apparent ou dissimulé, visant à donner à son être
le plus haut degré de puissance et de valeur,
mais qui y vise d'un élan courageux et réglé.
Courageux, parce qu'il n'est arrêté ni par les

obstacles ni par les risques; réglé, parce qu'il se renferme dans les limites de la justice et qu'il concourt au bien commun, suivant un contrat, tacite peut-être, mais, à coup sûr, réel et obligatoire.

———————

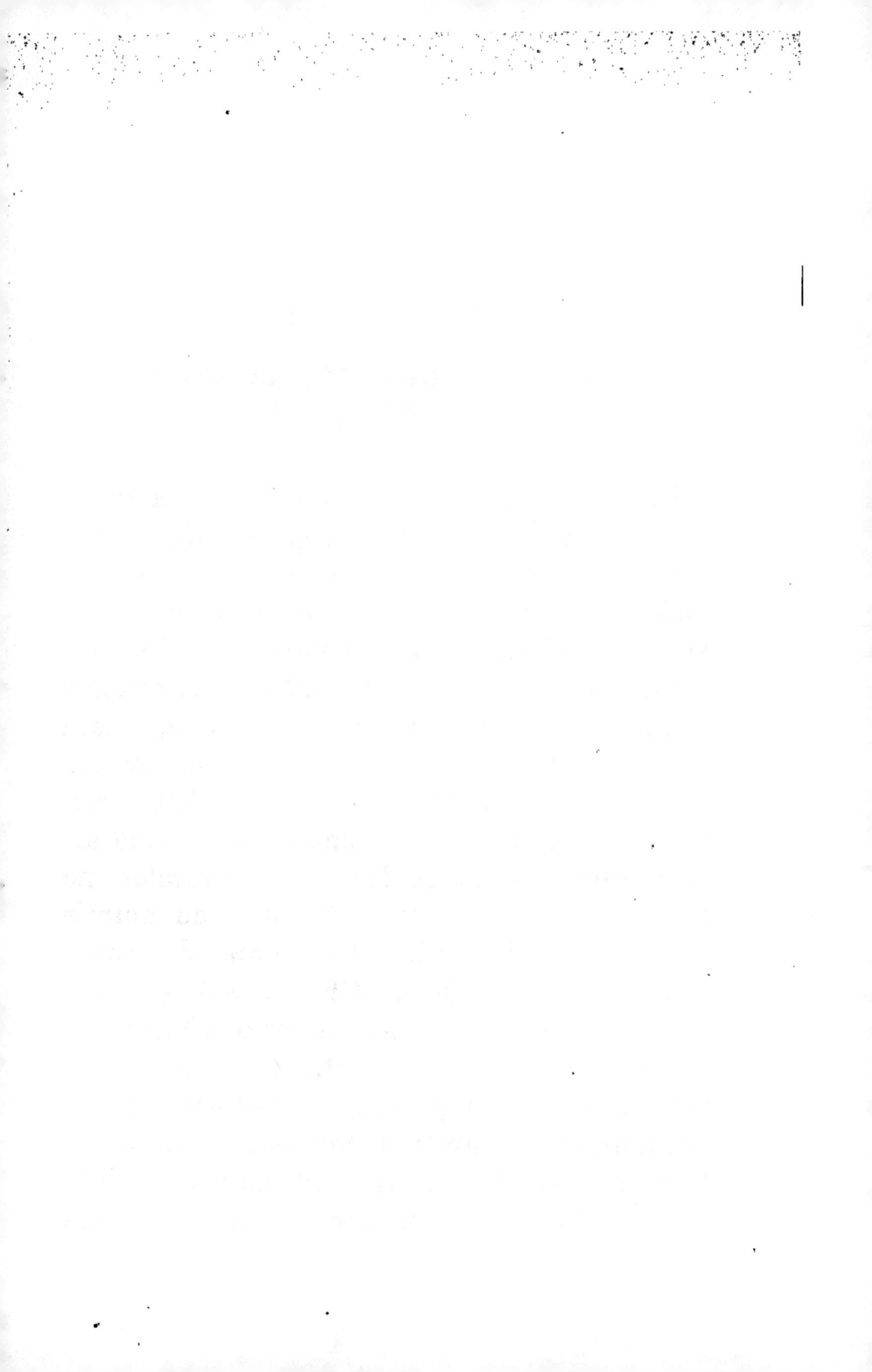

CHAPITRE IV

DE LA RÉALISATION DU BIEN
ET DU DEVOIR

La supériorité de la morale tient à la supériorité du bien qu'elle propose. Mais cette supériorité ne serait qu'un mirage, si le but était inaccessible et que l'idée du bien ne pût sortir du domaine des simples possibilités. La morale a la prétention d'être une science pratique. Pour qu'elle mérite ce titre, il faut donc qu'elle soit capable de réaliser les modifications nécessaires au résultat final. Cette question de puissance modificatrice est essentielle. Car, si les idées morales ne devaient avoir d'autre effet que de noircir des feuilles de papier, les ironies des sceptiques, le rire épais des Chrysales défenseurs de la bonne soupe, les attaques des Marxistes partisans de la suprématie du « ventre », l'indifférence des paresseux, l'amertume des pessimistes, en un mot, toutes les faiblesses seraient justifiées. La littérature morale serait plus ennuyeuse que les autres formes

littéraires, sans racheter la maussaderie de
ses préceptes par une utilité vraie : *flatus et
voces, praetereaque nihil.*

Toute pratique consiste à modifier des
êtres en vue d'une fin. Pour mesurer une
puissance pratique, deux choses sont à considérer : 1° la *matière* sur laquelle on doit
agir et ses possibilités de transformation ;
2° les *moyens* dont on dispose et la façon de
les combiner.

Ici, la matière à transformer, c'est l'homme,
ou plutôt, l'enfant avec l'ensemble des dispositions naturelles qu'il apporte avec la vie.
Or, si la nature primitive était immuable,
tous les systèmes d'éducation seraient également condamnés à l'impuissance, et l'enseignement moral devrait, en conséquence, être
rayé des programmes, comme une superféta-
tion inutile.

La croyance à l'immutabilité du caractère
est très répandue. Elle s'exprime dans des
proverbes populaires, comme « Qui a volé,
volera », et dans ce vers de Destouches si
souvent cité : « Chassez le naturel, il revient
au galop. » Ce n'est pas seulement l'opinion
des gens peu cultivés, c'est aussi la pensée
de savants et de philosophes qui, par des
voies différentes, se rencontrent dans la
même affirmation. Au nom de l'expérience,

Lombroso proclame l'inévitable déchéance des *criminels-nés*. Il est vrai que l'hérédité fait plus fortement sentir le poids de son influence sur les descendants d'alcooliques et sur les enfants affectés de tares physiologiques. Mais les enfants anormaux ne sont qu'une faible minorité. Et même, l'expérience montre que, si le mal est plus difficile à guérir, il peut cependant toujours être atténué par une hygiène physique et morale bien appropriée. Appuyé sur la métaphysique, Schopenhauer est non moins absolu que Lombroso. « Toute chose, dit-il (*Essai sur le libre arbitre*, p. 117, Trad. fr.), toute chose qui *est* doit avoir une nature particulière, caractéristique, grâce à laquelle elle est ce qu'elle est, nature qu'elle atteste par tous ses actes, dont les manifestations sont provoquées nécessairement par les causes extérieures ; tandis que, par contre, cette nature même n'est aucunement l'ouvrage de ces causes, et n'est pas modifiable par elles. Mais tout ceci est aussi vrai de l'homme et de sa volonté que de tous les êtres de la création. Lui aussi, outre le simple attribut de l'existence, a une *essence fixe*, c'est-à-dire, des qualités caractéristiques, qui constituent précisément son caractère. »

Voilà où la dialectique purement verbale

peut conduire les meilleurs esprits. Mais le moindre grain d'observation et d'expérience suffit pour renverser cet échafaudage de concepts métaphysiques.

Du minerai de fer a « une nature particulière, caractéristique », et cependant cette nature est loin d'être réfractaire à toute modification. Depuis longtemps, les métallurgistes savent le débarrasser, par le lavage, des matières terreuses et autres impuretés extérieures au vrai métal. Ils savent ensuite, par la fusion, séparer le métal de sa gangue qui lui est plus intimement mêlée, et obtenir ainsi les gueuses de fonte qui vont se solidifier en lingots dans les canaux en sable pratiqués dans le sol de l'usine. La fonte, ainsi obtenue par des moyens *artificiels*, renferme une grande proportion de carbone, et, en quantités plus faibles, du silicium, du soufre et du phosphore, matières qui la rendent plus fusible et qui permettent de l'employer pour le moulage d'objets si répandus à notre époque dans le commerce. Mais ces matières rendent, par contre, la fonte cassante. D'où l'utilité d'éliminer ces substances partout où il est nécessaire d'avoir plus de résistance. Or, c'est par divers procédés d'affinage, que l'on est parvenu à obtenir le fer pur qui, passant par des laminoirs, donne le fer en barres, la tôle, et qui peut ensuite se transformer en ces fils télégraphiques, fils longs et résistants, analogues aux filets nerveux et capables, comme eux, de transmettre la pensée, non plus dans l'enceinte limitée d'un corps vivant, mais d'un bout de la planète à l'autre! Ainsi, la *nature* présente d'informes minerais, où se confondent des qualités discordantes. Et c'est *l'art* qui opère le triage des qualités utiles, qui les isole ou les combine suivant les cas, mais toujours de façon à les approprier aux besoins de l'homme et à l'accroissement de sa puissance.

Ces heureuses modifications ne se produisent pas seulement dans la matière brute, mais aussi chez les êtres vivants. Certes, l'homme est incapable, suivant le mot de Schopenhauer « d'amener un chêne, par une culture très soignée, à produire des abricots ». Mais, si cette puissance magique de transformation lui est refusée, il n'est pas, du moins, réduit à être le spectateur inerte de forces naturelles indépendantes et rebelles à toute influence. Le poirier sauvage donne des fruits d'une saveur acerbe, d'un grain grossier et parfois pierreux. Or, par la sélection, par la greffe, par la taille, par les divers procédés de culture intelligente, les

variétés se sont multipliées, chacune étant
pourvue de qualités spéciales et appréciées.
Ce n'est plus maintenant ce fruit rabougri,
âpre et dur, dont les mâchoires de l'homme
des cavernes pouvaient difficilement venir à
bout. Il a pris du corps, une enveloppe unie,
colorée, appétissante. Non seulement sa
chair est plus abondante, mais elle est
tendre, juteuse, succulente : la poire, devenue fondante, est, sous un petit volume,
comme une petite source, toujours prête à
calmer la soif !

Les animaux ne font pas exception. Ici
encore, il ne faut point se bercer de rêves
utopiques et s'imaginer qu'on pourra transformer une grenouille en bœuf. Mais de ce que
ces métamorphoses sont impraticables autre
part que dans les fables et les légendes poé-
tiques, s'ensuit-il qu'aucun changement ne
soit réalisable ? Au contraire. Plus un être
est complexe, et plus il offre de prise aux
influences modificatrices, pourvu que ces
influences, renfermées dans certaines limites,
ne viennent pas d'une façon brusque troubler
l'harmonie des fonctions, nécessaire à l'entretien de la vie. Les animaux domestiques, qui
diffèrent si sensiblement des types primitifs
et qui offrent, pour chaque espèce, des variétés parfois si nombreuses et si diverses, four-

nissent les exemples les plus probants de la plasticité zoologique. Non seulement la substance vivante ne se coule plus dans des moules identiques pour la taille et la forme du corps, mais les instincts, c'est-à-dire l'ensemble des facultés perceptives, sensitives et actives, sont loin de posséder une immutabilité absolue, toutes les fois que les actions du milieu extérieur viennent à changer. De quelque façon qu'elle s'opère, l'adaptation de l'intelligence et de l'activité arrive à se produire. Sous l'empire de la nécessité, de nouvelles habitudes naissent et elles se consolident en instincts, si les mêmes conditions continuent, pendant des générations successives, à imposer le même genre de vie. Qu'on ajoute à cela la puissance de la sélection, et on comprendra facilement comment l'ancêtre du chien domestique, très voisin du loup et du chacal, par les instincts déprédateurs et féroces, a pu donner naissance à la longue lignée de ces bêtes caressantes, fidèles, désireuses de se plier à toutes les besognes qu'il plaisait de leur imposer : au type le plus accompli de l'amitié dévouée.

L'homme n'échappe pas à cette loi de la variabilité. Loin de là. Comme son organisme est encore plus complexe et plus délicat que celui des autres espèces vivantes, il est capable d'être impressionné par des influences plus subtiles et plus nombreuses. D'ailleurs, ces influences sont loin de manquer dans une vie sociale que la civilisation rend chaque jour plus compliquée et plus diverse. Donc, en vertu des lois psychologiques de l'habitude, il est impossible d'admettre que les dispositions innées persistent toujours dans le même état, et cela, malgré le choc sans cesse répété des actions externes, et malgré l'incessant effort vital et intelligent pour s'adapter au genre de vie, choisi volontairement ou imposé par les circonstances.

Du reste, ce ne sont pas là seulement des déductions rigoureuses de théories le plus généralement admises. Ce sont des vérités que l'expérience journalière confirme, et qui sont manifestes aux yeux de tous ceux que n'aveugle pas l'esprit de système. Une seule restriction doit être apportée. C'est que des changements importants ne se réalisent pas en un jour, comme sous le coup de quelque baguette magique. La nature vivante ne procède point par bonds. Les connexions organiques et mentales, fixées dans leurs formes essentielles par une longue hérédité, ne peuvent céder — et encore en partie — que sous l'action continue de forces externes ou d'efforts personnels. Mais ces changements, si

limités qu'ils soient, ont une suprême importance. C'est par eux qu'on voit, d'un côté,
d'obscurs crétins qui vivent presque exclusivement de la vie végétative ou des brutes
d'un égoïsme féroce, et, de l'autre, des savants
qui aiguisent sans cesse leur intelligence et
des sages qui donnent à leur volonté assez de
force pour pratiquer la justice, même quand
elle leur impose les plus durs sacrifices.

La réalisation du bien est donc possible.
Mais, par quels moyens arriver le plus sûrement à cette réalisation ? Quels sont les principes fondamentaux de la méthode à suivre ?
Tel est le problème qui suit immédiatement.

Pour faire un choix motivé de ces principes,
il convient de passer en revue ceux qui, en
fait, ont été proposés dans les divers systèmes
d'éducation.

La méthode la plus éloignée de la pédago-
gie, considérée comme science et comme art,
est celle qui réduit le rôle du maître au minimum, parce qu'elle considère son interven-
tion comme inopportune, maladroite, le plus
souvent nuisible. C'est la thèse que Rousseau
défend dans son *Émile* : « Tout est bien, dit-
il, sortant des mains de l'Auteur des choses,
tout dégénère entre les mains de l'homme. »
C'est aussi celle qu'on rencontre dans Herbert
Spencer et dans d'autres éducateurs anglais,

qui demandent qu'on attribue à l'enfant la plus grande part d'initiative. « La seule discipline salutaire, dit Spencer [1], c'est l'expérience des conséquences bonnes ou mauvaises, agréables ou pénibles, qui découlent de nos actes. »

Cette doctrine pédagogique correspond à la doctrine économique du « laissez faire, laissez passer ». Toutes deux professent la plus grande confiance dans le jeu libre des lois naturelles. Que ces lois aient été établies par l'intelligence divine, ou qu'elles soient le résultat d'une évolution nécessaire, toute la sagesse consiste à ne pas troubler leur action. Par cette prudente abstention, les choses s'arrangeront d'elles-mêmes. Avec la liberté économique, la richesse des nations se développera. D'autre part, la liberté rendue aux enfants sera le plus sûr garant de leur moralité.

L'éducation libre se défend d'abord par les heureux résultats que ses partisans lui attribuent. Suivant Demolins et les autres partisans de la supériorité des peuples Anglo-Saxons, cette supériorité serait due à la suppression des entraves qui gênent l'expansion des facultés chez les peuples latins. Les enfants qui ont grandi dans une perpétuelle tutelle, res-

---

1. *De l'Education physique, intellectuelle et morale.* Trad. fr., p. 45.

semblent à ces plantes grimpantes qui rampent et végètent à terre, dès qu'elles sont privées de leur appui habituel. Au contraire, l'esprit d'initiative, qui s'exerce de bonne heure, s'affermit de plus en plus et s'accompagne de toutes les qualités qui sont nécessaires à son développement. Être, dès l'enfance, aux prises avec les difficultés, aiguise l'ingéniosité et l'adresse, en même temps que cette lutte incessante trempe le caractère, imprime dans l'individu l'habitude de l'effort et amasse en lui des trésors d'énergie confiante.

Il est certain que les expériences personnelles sont, de toutes, les plus frappantes et les plus efficaces, mais à une double condition. C'est d'abord que l'expérience soit clairement interprétée, et ensuite qu'elle n'expose pas à des dommages physiques ou moraux irréparables. Quand l'effet suit immédiatement une action, l'enfant lui-même est capable de saisir le rapport qui les unit, et un lien, semblable à celui qui relie les choses, se tissera dans son esprit, lien d'autant plus fort et plus durable que l'effet aura plus vivement impressionné sa sensibilité. Par exemple, l'enfant qui, séduit par l'éclat de la lumière, veut saisir la flamme d'une bougie, est averti par la douleur et ne sera plus guère tenté de renou-

veler son expérience. Mais ces cas sont relativement rares. Souvent les conséquences
sont douteuses ou lointaines. Si l'enfant est
livré à lui-même et aux seules remarques que
son intelligence est capable de faire, il com-
mettra une foule d'imprudences, dont il subira
les conséquences sans pouvoir se corriger,
parce que son ignorance ne lui permet pas de
rattacher les effets aux causes. Il se gorge-
rait de pâtisseries et d'autres aliments sucrés,
agréables sur le moment, mais qui engendrent
des dyspepsies rebelles. Son estomac surmené deviendrait suivant le mot de Nietzsche
« le père des afflictions », mais plus tard, dans
la vieillesse, quand tout l'art médical serait
impuissant à secouer son inertie et à vaincre
ses vicieuses dispositions. Dans d'autres cas,
l'expérience est si dangereuse que la victime
ne peut plus en tirer un profit personnel.
Que d'accidents de toute nature se produisent, quand les enfants sont laissés à eux-
mêmes, sans surveillance et sans guide !
Combien plus nombreux encore se produi-
raient-ils, si l'on érigeait en système et si
l'on pratiquait sincèrement le « laissez faire »
pédagogique ! C'est ce qu'un des partisans les
plus convaincus de l'ultra-libéralisme en
éducation, Herbert Spencer, reconnaît implicitement dans le passage suivant : « Un mar-

mot turbulent de cinq ans, dans une de *ces effervescences de vie qui sont communes* chez les enfants bien portants commit, en l'absence de sa mère, plusieurs extravagances, il coupa un côté de cheveux à son frère, se blessa avec un *rasoir* pris dans la toilette de son père, etc. » (*De l'Éducation*, p. 204). Si ce marmot s'était avec son rasoir coupé l'artère carotide, il est bien certain qu'il eût été guéri à jamais de son imprudence. Mais c'est dans un autre monde qu'il aurait eu à recueillir les fruits de cette sagesse tardive.

En opposition avec cette théorie, toute empreinte d'optimisme, s'en trouve une autre qui s'inspire de principes tout contraires. Elle montre une grande défiance à l'égard de la nature humaine, viciée dans son fond et incapable de se régénérer d'elle-même. Par suite, le salut ne peut lui venir que d'un secours étranger, d'une puissance surhumaine qui, par un don de sa grâce, communique à l'homme le supplément de force nécessaire à la vertu, ou qui, par la menace de châtiments terribles, comprime la violence des instincts naturellement portés au vice. Cette théorie s'appuie sur des croyances religieuses et se développe en pratiques et en préceptes d'ordre également religieux.

L'efficacité d'une pareille éducation n'est

point douteuse. Elle se prouve non seulement
par une longue accumulation de faits histo-
riques, mais encore par des raisons psychologiques propres à consolider ces faits. La
confiance dans l'appui d'un être supérieur
exalte les facultés, oriente toutes les forces
dans une direction fixe, et rend possible la
réalisation d'un but qui serait jugé inaccessible sans le secours divin. D'autre part, la
vision anticipée des peines infligées par un
être tout-puissant à qui rien n'échappe, est
bien propre à calmer l'effervescence des
passions et à refréner les désirs les plus
vifs : la crainte est bien le commencement
de la sagesse.

Tout cela est vrai. Et cependant, tous ces
services ne sont rendus qu'aux esprits capables
de s'élever aux conceptions morales les plus
élevées. Beaucoup d'esprits étroits se perdent
dans les pratiques superstitieuses et prennent pour but ce qui ne devrait être en réalité
qu'un moyen de perfectionnement. D'ailleurs
toutes ces pratiques sont diverses suivant les
religions, et elles restent inconciliables tant
qu'elles restent attachées à un dogme défini.
Voilà pourquoi, comme on l'a établi précédemment, la morale doit garder son autonomie
et même sa primauté.

Cela ne veut point dire que, par une suspi-

cion maladroite, il faille s'interdire de faire
tout emprunt à la religion. Ce serait là une
fierté laïque bien déplacée, puisque l'on se
priverait ainsi de moyens éducatifs, dont la
valeur a depuis longtemps été éprouvée.
Comment donc tirer parti de la longue expérience religieuse ? Le problème consiste à
écarter l'élément métaphysique, tout en con-
servant aux forces psychiques la plus grande
partie de leur puissance stimulante ou répres-
sive. Voici comment ce problème pourrait être
résolu.

La confiance dans un secours surnaturel a
existé dans toutes les religions, même dans
celles que tous les esprits religieux, pourvu
qu'ils soient éclairés, s'accordent à reconnaître comme fausses. La grâce, comme
faveur venue du dehors, a donc été souvent
illusoire. La force qu'on lui attribuait était
cependant réelle. C'est donc qu'elle peut
naître de notre propre fond, éveillée sans
doute par des causes à demi conscientes que
le souvenir n'a point conservées, ou que l'esprit n'a su ni découvrir ni analyser. Composée
entièrement d'états intérieurs, la grâce, pourvue ou non d'un élément surnaturel, réside
essentiellement dans une *idée*, l'idée que,
malgré les apparences contraires, un résultat
sera obtenu. Tous les appuis paraissent man-

quer? l'homme, soutenu par l'espoir, s'obstine
à avoir confiance; les obstacles s'amoncellent?
il ne perd rien de sa sérénité ; des dangers se
montrent? il aperçoit surtout les chances
favorables. Or, comment cette confiance
absolue se forme-t-elle? Par la prière.

Mais puisqu'on veut éliminer l'élément
mystique, que reste-t-il dans une invocation
pour en expliquer l'efficacité? Une prière
ardente et fréquemment renouvelée, que fait-
elle? Elle retient l'attention sur un objet
déterminé; elle amplifie son importance et sa
valeur en mettant dans l'ombre les choses
étrangères; elle fixe l'idée dans l'esprit avec
les clous d'or du sentiment. Et alors, quand
l'idée dominatrice trône dans la conscience
comme un roi absolu et n'a plus que des serviteurs obéissants, elle soulève l'âme au-dessus d'elle-même et lui fait accomplir des merveilles de courage. Parfois le corps lui-même
devient un instrument docile qui se brise au
service de la pensée, sans défaillance et sans
regret.

Cette idée dominatrice est en nous, elle
est nôtre, elle est le produit de l'usage actif
de nos facultés. Par la volonté et la réflexion
bien dirigées, on peut arriver aux mêmes
résultats que par la prière. Les croyants rap-
portent à Dieu les tiédeurs ou les ardeurs de

la foi. Dans une morale purement humaine, cet ordre doit être renversé. Le Dieu est en nous, mais il est obscur, caché, enveloppé. C'est à nous, aidés par les enseignements des maîtres, qu'il appartient de le dégager, de le découvrir, de lui donner l'action efficace. C'est la foi en nous-même, c'est le désir d'une vie divine qui crée en nous le divin.

La foi stimule et contribue au développement des inclinations heureuses de la nature. La crainte réprime, et, en corrigeant les tendances vicieuses, devient, elle aussi, un instrument très puissant de perfectionnement moral. Les religions, que la nécessité de maintenir leur autorité a douées d'un sens pratique très sûr, se sont bien gardées de négliger un pareil auxiliaire. Elles en ont fait usage, surtout aux époques primitives où l'homme, encore voisin de l'animalité, avait des passions plus violentes et des instincts plus brutaux. Et avec raison, parce que la peur, et une peur proportionnée à la violence des impulsions brutales, était seule capable de réprimer les écarts de la bête des cavernes encore mal domptée. Pour frapper davantage les imaginations, le mal avait été personnifié. Il se présentait sous la forme de quelque génie, ennemi naturel de l'homme, et qui se plaisait à l'abuser de ses prestiges, pour le punir ensuite de ses fautes avec des ricanements de joie et des raffinements de cruauté. L'homme qui s'était laissé vaincre par le démon, était livré au terrible justicier, soit pour un temps, soit à jamais. Le châtiment n'était que temporaire dans le cas où les fautes pouvaient s'effacer par des punitions expiatoires et purificatrices. Il était éternel, quand l'âme corrompue par des vices irrémédiables, était morte à toute rénovation.

La critique du bien est seule féconde. Tâchons donc d'extraire de cette partie de la méthode religieuse les procédés qui, par adaptation à une méthode positive, peuvent convenir à une éducation où il n'y a point place pour le mystère. Or, par une interprétation psychologique, on arrive à des conclusions analogues aux précédentes. Tout à l'heure c'était le sage qui créait en lui le divin. Maintenant c'est le criminel qui forge les instruments de son supplice. C'est lui qui arme l'esprit diabolique de toutes ses séductions trompeuses, de sa malignité, de sa puissance corruptrice. C'est lui qui loge, nourrit et réchauffe le démon ennemi, toujours prêt à le tromper, à se moquer de ses fautes, à le torturer. Pour parler sans allégorie, le mal est toujours menaçant, et ce n'est que par une vigilance incessante sur soi-même qu'on arrive à l'écarter, surtout quand il se dissimule sous les apparences du bien.

La première crainte à avoir est de ne pas tomber dans la présomption, en s'imaginant posséder une nature que les circonstances les plus périlleuses pour le bien, ne parviendraient pas à entamer. Car les mauvaises habitudes s'insinuent d'une façon sournoise, si l'on n'exerce pas sur sa conduite une surveillance assez active. D'autre part, il est toujours prudent de ne pas s'exposer aux tentations. Une autre crainte très salutaire est celle des peines variées qui suivent la violation des devoirs, peines qui n'ont pas besoin, pour être redoutables, d'être ajournées dans un monde futur, mais qui font sentir leur aiguillon dès cette vie. Combien de fautes portent en elles leurs châtiments comme des conséquences nécessaires des lois de la nature, des lois psychologiques ou des lois sociales ! Que l'individu, au moment d'agir, prenne l'habitude, ainsi que le recommandait Loyola pour les supplices des damnés, de se représenter, en détail et avec précision, les peines physiques et morales qui le menacent, et cette vision anticipée du mal servira de frein à ses désirs. La preuve de cette puissance inhibitrice peut être tirée de l'autorité du médecin qui impose au malade le régime le plus

sévère, ou même qui lui persuade d'affronter le risque des opérations les plus doulou-
reuses, parce qu'il imprime fortement dans l'esprit l'image des souffrances qui tortureraient
l'imprudent qui se refuserait à suivre ses avis.
L'audace de ceux qui résistent vient simplement de leur scepticisme à l'égard soit de la
médecine soit du médecin consulté. Mais,
quand les conséquences ne sont pas douteuses,
leur prévision influe fortement sur la volonté
et parvient à paralyser les tendances qui,
laissées libres, apporteraient une perturba-
tion funeste dans l'organisme. Il en sera de
même en morale. L'autorité des moralistes
grandira, à mesure que la science des mœurs
prendra plus de précision et de certitude.

Traduttore traditore, dit un proverbe italien.
Le même reproche a été tant de fois adressé
aux critiques qu'il pourrait bien être fondé.
Aussi, au lieu de consacrer ses efforts à
l'exposé détaillé des méthodes éducatives
préconisées par d'autres, — exposé toujours
infidèle aux yeux des auteurs, quand il n'est
pas un pur panégyrique — il vaut mieux présenter sa propre doctrine, en tâchant d'y faire
entrer le meilleur des doctrines antérieures.
A une condition cependant, c'est que ces
emprunts s'harmonisent et s'accordent dans

une unité systématique. Car il ne s'agit pas d'entasser pêle-mêle des procédés contradictoires, mais de choisir ceux qui sont cohérents, capables de se prêter un mutuel appui, et, par suite, les plus propres à la culture.

L'enfant ne peut se développer de lui-même, sans secours étranger. Cela condamne l'éducation purement libre. Et, en effet, les deux mots de liberté et éducation sont deux termes contradictoires. L'idée d'éducation implique nécessairement une action extérieure, souvent une contrainte. Mais, d'autre part, pour être efficace, il faut que la contrainte soit acceptée, et, pour qu'elle soit acceptée, il faut qu'elle paraisse légitime. Donc, quand on ne veut point se contenter de gestes, d'attitudes et d'apparences, résultats du simple dressage, il faut agir sur l'intérieur; sur l'esprit et l'activité.

Voici le problème de l'éducation pratique : le bien est supposé connu; comment arriver à sa réalisation, qu'il s'agisse de soi ou des autres ?

Les idées, même quand elles ont apparu avec le plus d'évidence, n'ont pas toujours le même degré de netteté et de force. Elles ne ressemblent pas à des inscriptions gravées dans le marbre et l'airain, et qui conserveraient une forme immuable, parce qu'elles sont fixées dans une matière inerte. Elles sont les produits d'un être vivant, et, si par là elles acquièrent plus de valeur, elles sont exposées aussi à toutes les variations de la vie. De même que le travail de la digestion ne se fait pas une fois pour toutes, de même, pour être féconde, l'élaboration des idées doit être renouvelée par une régulière activité de l'esprit.

Cela s'applique surtout aux idées pratiques, à celles qui sont chargées de diriger la conduite, à tous les instants de la vie et souvent à l'improviste, au milieu de circonstances que le hasard présente et qui réclament une solution immédiate. Si l'esprit paresseux s'endort sur le travail accompli, les idées acquises passent à l'état de souvenirs, qui deviennent de plus en plus vagues et qui ne reprennent un peu de vie que sous le choc d'événements douloureux. C'est ainsi que, sous l'aiguillon de la douleur, l'idée du bien se ravive pour un temps et engendre le remords, qui naît du contraste entre cette idée du bien et la représentation du mal accompli.

Mais, au lieu de cette reviviscence passagère et d'ailleurs due au hasard et à la faute, ne vaut-il pas mieux entretenir, toujours vivante en nous, l'idée du bien véritable ? Pour cela, il faut empêcher toutes les causes

d'altération, d'oubli et de faiblesse. Rien de
si altérable qu'un concept. S'ils ne sont pas
serrés par les liens étroits de l'association,
les éléments constitutifs du concept tendent
à se séparer et à rentrer dans le groupe de
qualités concrètes d'où ils ont été extraits. En
outre, comme sur les conceptions morales les
hommes sont loin d'être d'accord, des éléments étrangers et contradictoires tendent à
s'insinuer dans l'idée, parce que leur différence se dissimule sous le masque du même
mot. Les conversations et les lectures dres-
sent, à ce sujet, des pièges d'autant plus difficiles à éviter qu'ils se cachent avec plus d'art
et que l'erreur, recommandée de noms autorisés, paraît plus séduisante. Enfin, l'oubli,
qui se manifeste partout, fait sentir plus particulièrement son influence dans le domaine
des choses abstraites et générales. Quand il
s'agit d'un objet matériel, la fixité de sa nature
donne naissance à des impressions toujours
renouvelables et toujours identiques. L'image,
toujours corrigée ou du moins toujours sus-
ceptible de l'être, est moins sujette aux
déformations qui menacent en général toutes
les représentations mentales, essentiellement
mobiles et changeantes. Mais aucune ne serait
plus instable que l'idée d'un modèle dont la
réalité ne présente aucun exemplaire, si cette

idée n'était maintenue dans son état par un incessant effort de l'esprit.

C'est aussi par une activité et une vigilance sans relâche qu'on peut lui conserver sa force et lui assurer la prépondérance. L'idée sera dominante, quand elle ne rencontrera plus d'idées antagonistes capables de lui faire échec. Par conséquent, autant il faut nourrir l'idée du bien des sucs les plus vivifiants de l'esprit, autant il faut dessécher, mortifier, annihiler les idées contraires. Pour arriver à ce résultat, l'éducation, bien comprise, sera d'un puissant secours. Les maîtres, véritables interprètes d'une conscience collective toujours en progrès dans la sagesse, sauront envelopper l'enfant d'une atmosphère morale, propre à l'éclosion et au développement des idées justes. Ils parleront avec autorité et engendreront des croyances d'autant plus fermes que la réflexion et l'expérience sainement interprétée ne feront que les confirmer. Mais ce sont les qualités personnelles qui sont surtout précieuses, parce que l'appui étranger peut manquer, tandis que les secours trouvés en soi ne font jamais défaut. C'est ce que fait bien ressortir l'anecdote relative au philosophe grec, Bias. Ce sage de l'antique Hellade revenait dans sa patrie, monté sur un navire qui portait tous ses biens. Le navire fit naufrage, et Bias, privé de toutes ses richesses, se sauva à grand'peine. Comme ses amis le plaignaient de son malheur, celui qui devait être compté au nombre des sept sages de la Grèce, répondit en souriant : « Je porte toute ma fortune avec moi ! »

La première de ces richesses qui surnagent à toutes les tempêtes de la vie, c'est la justesse de l'esprit dans l'appréciation des biens. Elle exige un jugement exercé et une raison qui se tourne résolument vers les réalisations pratiques. C'est par le jugement que l'idée générale du bien s'appliquera aux êtres et aux actes particuliers. Or il n'est pas douteux que par des exercices répétés, faits avec attention et sous le contrôle de l'expérience, le jugement moral n'acquière plus de sûreté et de facilité. Quant à la raison pratique, elle n'est point satisfaite de peupler la mémoire de simples formules verbales, ombres d'idées, véritables fantômes sans vie et sans efficacité. Elle vise, au contraire, à donner aux idées morales tout leur ressort, toute leur puissance de direction, en les associant étroitement à toutes les énergies vitales. C'est ce qu'exprime supérieurement une légende hindoue qui se termine par les sages conseils suivants : « Prenez une idée et faites-en votre pensée constante, votre rêve, votre vie ; emplissez-en votre cerveau, vos muscles, vos nerfs, tout votre corps, et abandonnez toute autre idée. Telle est la voie du succès, celle que suivent les géants de l'esprit ; les autres ne sont que des machines parlantes ». (*Mercure de France*, 1ᵉʳ décembre 1906.)

Puisqu'une idée puise sa force dans les énergies vitales et ne peut se réaliser que par l'emploi de ces énergies, c'est vers le développement, la puissance et la bonne direction de l'activité qu'il faut ensuite tourner ses efforts. Le débile, au système nerveux fatigué, est d'une extrême impressionnabilité ; ses yeux qu'offusque une lumière un peu vive ne se plaisent que dans la pénombre ; ses oreilles sont blessées du bourdonnement de la vie courante et un bruit quelque peu insolite l'étourdit et le fait tressaillir ; les sensations ordinaires retentissent en lui d'une façon douloureuse, et, comme il souffre de tout, il s'irrite de tout. Il s'irrite aussi de son impuissance et tourne facilement au pessimisme, en projetant au dehors le mal qui réside surtout en lui-même.

Le remède est dans l'hygiène. C'est par elle que les nerfs, mieux nourris, se calment, que les muscles assouplis deviennent dociles et que l'invidu, plus maître de lui, se montre aussi plus capable d'harmoniser son action avec le monde extérieur. Ceci est à notre époque universellement reconnu. Une règle, dont l'importance est moins sentie et sur laquelle il convient cependant d'insister, est que le régime de vie doit être approprié au tempérament de l'individu, mais aussi et surtout à la nature de ses occupations professionnelles. Le portefaix, le terrassier, le laboureur, et, en général, tous ceux dont le métier exige un grand déploiement de force musculaire, ne doivent pas être soumis au régime qui s'impose, au contraire, aux artistes, aux littérateurs, aux savants et à toutes les autres catégories d'intellectuels.

La force physique est bien le réservoir de l'activité. Mais comment faire un bon usage des ressources qu'on aura ainsi accumulées ? Comment arriver à donner à la volonté toute sa puissance ? — C'est, comme l'a dit Nietzsche en ayant la volonté de cette puissance. Or, « la volonté de puissance » n'est pas de ces volontés incertaines qui se contentent de formuler des souhaits et qui comptent sur des chances heureuses pour les réaliser. Elle n'est pas toute en intentions ; en ces bonnes intentions dont l'enfer est pavé et qui remettent toujours au lendemain l'effort nécessaire à l'action. Elle repose sur une foi agissante. Cette foi n'a, du reste, rien de mystique.

Elle consiste essentiellement dans une adhésion confiante aux principes de la raison pratique et aux règles tirées de l'expérience. Pour que la volonté acquière toute sa puissance, pour qu'elle soit capable de développer toutes les énergies plus ou moins latentes de notre être il faut avoir, dans la causalité morale, une foi aussi vive, aussi présente, aussi inébranlable que celle du savant pour la causalité physique. Il y a toujours, dit Leibnitz, une raison pourquoi les choses sont ainsi et non pas autrement. Or cela ne s'applique pas seulement aux choses matérielles. La formule conserve toute sa justesse, lorsqu'on l'applique aux phénomènes plus subtils du monde moral. Pour fortifier son esprit et en faire l'asile des bonnes pensées, pour donner à ses sentiments plus de noblesse et d'élévation, pour imprimer à son activité une direction plus droite et plus ferme, il faut être bien persuadé que ces progrès sont en notre pouvoir, *si* nous réalisons les conditions nécessaires à leur production.

Quelles sont ces conditions ? Elles consistent essentiellement dans la répétition des actes, dans la continuité des efforts, en un mot, dans la persévérance. Le mystique compte sur quelque appui surnaturel ; mais la sagesse populaire lui dit : « Aide-toi, le ciel t'aidera ». Le présomptueux aussi voudrait, comme s'il disposait d'une puissance magique, s'élever d'un seul bond au sommet de la perfection ; mais il retombe lourdement à terre, et épuisé par son vain effort, découragé, néglige les tentatives plus modestes, mais plus sûres. C'est peu à peu que la sagesse se forme. On pourrait dire d'elle ce que Bacon disait de la vérité : elle est la fille du temps.

Le premier degré de la sagesse consiste à lutter contre le mal, en cherchant à réunir le plus de chances de succès.

La lutte ne sera entreprise qu'autant que le mal sera reconnu. La représentation du mal suscitera ensuite le désir de le supprimer, et un désir d'autant plus vif que cette représentation sera plus frappante. Les poètes et les artistes sont d'un grand secours pour aviver la peinture des maux de la conscience. Par les métaphores, par les allégories, par les couleurs, par les figures, par les sons, par les symboles de toute nature, ils donnent une forme concrète aux souffrances morales et, par là, ils arrivent à émouvoir fortement la sensibilité. C'est ainsi que V. Hugo, voulant montrer la conscience tourmentée par le remords, l'a présentée sous la forme d'un œil toujours ouvert sur le coupable.

Le désir de supprimer le mal est un aiguillon qui porte l'esprit à rechercher les causes de ce mal et à découvrir les remèdes appropriés. Or cela exige beaucoup de prudence. Pour les troubles corporels, les prétendus remèdes sont souvent dangereux. Car il ne faut pas que, par suite d'un empirisme borné, le mal, guéri sur un point, renaisse autre part sous une forme aggravée. La thérapeutique morale réclame des précautions de même nature. Une erreur fréquente consiste à rejeter sur les autres les causes de ses insuccès. L'imprudent, le maladroit, le paresseux, accusent la méchanceté de l'homme, critiquent avec âpreté l'organisation sociale, ou même flagellent le monde de leur orgueilleux pessimisme, quand ils devraient s'accuser eux-mêmes. Aussi, au lieu de nourrir l'ambition de refondre la société et de réformer le monde, conviendrait-il de s'appliquer à une réforme plus simple et plus efficace, la réforme que recommande Descartes dans ses maximes de morale : « Tâcher toujours plutôt à me vaincre que la fortune et à changer mes désirs que l'ordre du monde ». (Discours de la méthode, 3° partie.)

Lorsque les causes du mal ont été discernées avec exactitude, il faut les combattre par les moyens dont l'expérience a éprouvé la valeur. Or, cette expérience montre que le hasard ne joue pas le rôle prépondérant que sont tentées de lui attribuer les imaginations chimériques. La loterie est une très fausse image de la vie. Aussi, ce serait s'exposer aux pires déceptions que de compter sur la chance pour sortir d'une situation difficile. La chance ne favorise le plus souvent que ceux qui s'en montrent dignes.

Comment donc se rendre les circonstances favorables ? De deux choses, l'une. Ou les causes du mal sont en dehors de nos prises, et alors le mal est incurable ; ou ces causes sont accessibles à nos moyens d'action, et alors le mal peut être supprimé ou tout au moins atténué. Dans le premier cas, il faut s'incliner devant la nécessité, recourir à la patience, à la résignation. Car les plaintes ne font qu'aviver la douleur et rendre plus poignant le sentiment de nos misères. C'est alors qu'on peut se murmurer les vers d'Alfred de Vigny dans la *Mort du loup* :

Gémir, pleurer, prier est également lâche.
Fais énergiquement ta longue et lourde tâche
Dans la voie où le sort a voulu t'appeler,
Puis après, comme moi, souffre et meurs sans parler.

Cette hautaine résignation n'a sa raison d'être que dans les cas extrêmes. Le plus sou-

vent le mal peut au moins être atténué. Une
chose qui contribue le plus à émousser la
pointe des souffrances physiques ou morales,
c'est le sentiment d'avoir fait tout son possible
pour les éviter, et l'habitude « de croire, comme
le dit Descartes à la fin de la maxime citée plus
haut, qu'il n'y a rien qui soit entièrement en
notre pouvoir que nos pensées, en sorte
qu'après que nous avons fait le mieux tou-
chant les choses qui nous sont extérieures,
tout ce qui nous manque de réussir est au
regard de nous absolument impossible ». Loin
d'entretenir les regrets et de les aviver par le
contraste de la situation présente avec la
situation rêvée, il faut repousser les images
moroses, éloigner les souvenirs tristes,
comme on le fait pour des hôtes importuns,
recourir aux distractions, ou même, par une
sorte de chimie mentale très précieuse, s'ef-
forcer d'extraire du mal la part de bien qu'il
recèle toujours. En cette chimie mentale,
Nietzsche s'est montré particulièrement bien
inspiré dans un passage de son *Ecce homo*.
Qu'y a-t-il de plus triste pour tous que la
maladie et, pour les intellectuels, avides de
lecture, que la privation de la vue ? Et cependant, par une transmutation plus facile à opérer sur les idées que sur les métaux, le mal
peut s'évaporer et laisser un ample résidu de

bien. « La maladie *me dégagea lentement* de mon milieu, elle m'épargna toute rupture, toute démarche violente et scabreuse. A ce moment, je n'ai perdu aucun des témoignages de bienveillance dont on m'entourait, j'en ai même gagné de nouveaux. La maladie me conféra en outre le droit de changer complètement toutes mes habitudes ; elle me permit, elle *m'ordonna* de me livrer à l'oubli ; elle me fit hommage de l'obligation de rester couché, de rester oisif, d'attendre, de prendre patience... Mais c'est là précisément ce qui s'appelle penser ! Mes yeux suffirent à mettre fin à toute occupation livresque, à toute philologie. Je fus délivré des « livres » ; pendant des années, je ne lus plus rien, et ce me fut *le plus grand* bienfait que je me sois accordé ! Ce « moi » intérieur, ce moi en quelque sorte enfoui et rendu silencieux, à force d'entendre sans cesse un autre moi (— et lire n'est pas autre chose), ce moi s'éveilla lentement, timidement, avec hésitation, mais il finit par *parler de nouveau*. »

Le premier degré de la sagesse est de lutter contre le mal et d'en triompher. Mais ce n'est pas assez. L'homme qu'il s'agit de former n'est pas cet être indolent, impassible, tout pétri de qualités négatives et qui, par peur du mal, s'enferme dans la vie, comme l'escargot dans sa coquille. Comprimer les mauvaises tendances, éviter la déchéance et se garantir du mal est une face du bien, mais ce n'est pas la seule. S'il n'y avait jamais eu dans le monde que des humbles, des résignés, des modestes, dont tout l'effort se borne à s'accommoder aux conditions de vie les plus pénibles, l'humanité, privée de l'élan nécessaire à la réalisation du progrès, se serait immobilisée dans les formes inférieures de son existence primitive. L'animal se fixe dans l'instinct propre à assurer sa vie et la perpétuité de l'espèce. La noblesse de l'homme vient de sa perpétuelle aspiration vers le mieux ; elle vient des tendances qui le portent à chercher toujours à se dépasser lui-même.

Or, comment développer ces tendances essentielles au progrès ? Tel est le problème que se pose la logique de la morale pratique. Tout à l'heure le but était de retenir les inclinations dans les bornes fixées par la prudence, et c'était la peur et la contrainte qui devaient surtout être employées. Maintenant le but est tout différent. Il ne s'agit plus de serrer le frein, mais de lâcher les rênes ou même d'user de l'éperon. Les vertus d'abstention ne sont plus de mise ; il devient nécessaire de développer les vertus actives, créatrices des œuvres de valeur, parce qu'elles confèrent à l'homme toute sa puissance. Ce n'est plus la peur paralysante qui doit intervenir, mais l'espérance, la confiance, le plaisir, la joie et, en général, toutes les forces stimulantes.

La patience, a dit Vauvenargues, est l'art d'espérer. Et, comme la patience est une des conditions de succès dans toutes les entreprises, il convient de savoir comment l'espérance peut être nourrie, entretenue, vivifiée. L'espérance naît de la vision anticipée d'un bien futur. Plus cette vision sera vive, et plus l'espérance sera forte et capable de provoquer la mise en jeu des activités propres à la réalisation d'un bien qui semble tout proche et presque actuel. Le problème de l'éducation active — qu'il s'agisse de soi ou des autres — se ramène donc à celui-ci : *Comment donner de la force à l'idée d'un bien?*

D'abord par une représentation *concrète*, qui frappe les sens et qui soit capable de les intéresser. L'imagination doit être excitée et habituée à voir, derrière les mots, les réalités que ces mots recouvrent et parfois dérobent. Pour cela, il faut recourir à des exemples, retenir l'attention par le dessin, par le chant, par la physionomie, par le geste, par

tous ces auxiliaires sensibles qui font de
l'idée autre chose qu'un simple fantôme ver-
bal. La *répétition* de ces images servira
ensuite à leur donner plus de relief. A une
condition toutefois. C'est de ne pas s'aban-
donner à la routine, aux pratiques mécani-
ques, mais de maintenir avec soin son attention, en développant le même thème sous des
formes variées, toujours actuelles et vivantes.
Une grande ingéniosité demande ici à être
déployée. Car il faut découvrir les rapports
subtils et cachés qui unissent le bien cherché
à d'autres, renforcer ce bien par les conséquences qu'il renferme, par la puissance
qu'il donne, par le rôle qu'il confère, par
tous ces avantages multiples qu'une analyse
clairvoyante découvre.

Mais il ne faut pas vouloir les inventer ou
les grossir. Ce serait une faute de chercher à
se duper soi-même, sous prétexte que la
croyance est, suivant les partisans du pragmatisme, productrice de force. Si l'idée est illusoire, la croyance qui repose sur elle man-
quera de solidité, parce que cette croyance,
exposée aux chocs incessants de réalités contraires, sera incapable de satisfaire longtemps une intelligence clairvoyante et sin-
cère. « Le bien ne peut être réalisé que par
le vrai. »

Les idées, si nettes qu'elles soient, n'agissent point par elles-mêmes. Elles ne sont des forces que parce qu'elles utilisent les énergies potentielles de la sensibilité. Et elles deviennent des forces bienfaisantes, parce qu'elles peuvent servir à diriger des tendances aveugles vers les fins les plus capables de les satisfaire. Il reste donc à connaître les mobiles les plus propres à porter l'homme aux grandes choses, à ces choses durables qui grandissent l'individu et en même temps l'humanité.

Un des plus puissants est la fierté qui nous empêche de nous avilir et de nous prêter à des besognes serviles, alors même qu'elles conduiraient à la richesse ou aux dignités ; la fierté par exemple de Corneille qui « manque de l'esprit de suite » et provoque la jalousie de Richelieu, mais qui crée *le Cid*. Un autre mobile, plus actif encore, est l'ambition de régner sur les cœurs et sur les esprits, ambition légitime, lorsqu'elle vise moins au bien personnel qu'au bien général. Pasteur montre quelque âpreté dans ses polémiques scientifiques, mais les vérités qu'il établit malgré ses contradicteurs rendent la thérapeutique plus sûre et plus puissante, et elles seront une source intarissable de bienfaits. Un stimulant d'une puissante efficacité, c'est aussi l'honneur, l'amour de la gloire, le plaisir ressenti à la pensée que d'autres reconnaissent nos qualités, apprécient notre mérite, louent notre caractère, admirent les actions qui s'élèvent au-dessus des actes ordinaires par leur noblesse, leur beauté, leur bienfaisance. Ceci distingue la gloire véritable de la vanité et de la gloriole, qui cherchent à surprendre l'admiration par des qualités extérieures dont la forme brillante déguise mal la futilité. A cette liste il faut ajouter les mobiles qui tirent leur puissance des sentiments altruistes, la pitié, la sympathie, le patriotisme et les autres variétés de l'amour qui naissent des nécessités de la vie sociale.

Mais, comme la valeur de ces différents mobiles a été contestée, il importe d'insister sur cette question, véritablement essentielle dans une morale qui prétend se passer de principes d'action extramondains.

En fait, ces mobiles ont été les ressorts les plus puissants de l'activité humaine. Cette assertion ne peut guère rencontrer de contradicteur, tant une multitude d'exemples pourraient être invoqués en sa faveur. Mais les faits sont susceptibles d'interprétations diverses. A ces mobiles humains, objecte-t-on, se mêlent des résidus d'anciennes croyances qui survivent à l'état inconscient. Or, qui répond que leur valeur, faite surtout d'instinct et d'irréflexion, ne s'évanouirait pas, dès que l'analyse s'y appliquerait et aurait montré l'inanité des biens que promettent ces noms menteurs? Si donc l'on ne veut pas être dupe d'un simple mirage, il faudrait réprimer cet élan instinctif qui a porté les héros à l'accomplissement des grandes choses. Ils ont servi l'humanité, mais au prix de sacrifices dont ils n'ont pas reçu l'équivalent. En un mot, l'héroïsme serait une duperie.

Il y a dans ces attaques un véritable sophisme qu'il ne faut point se lasser de démasquer, parce que, répandu dans le public, il menace de décourager les meilleures volontés. Ce sophisme est ce qu'on appelle en logique la pétition de principe : il pose comme indubitable ce qui est précisément en question. Il est évident, en effet, que, si l'on considère comme les seuls biens les jouissances matérielles, le héros qui sacrifie ses espoirs de gain, sa richesse, sa liberté, parfois sa vie même à l'accomplissement de son œuvre, fait un mauvais calcul. Il donne avec prodigalité et ne reçoit rien ou peu de chose en échange. Mais les biens matériels sont loin d'être les seuls et les plus grands. L'élite de tous les temps en a senti

d'autres, et elle les a sentis avec une inten-
sité qui ne laissait aucun doute sur leur réalité. Libre aux égoïstes, frappés d'une sorte
de cécité mentale et intéressés à faire croire
à l'universalité de leur plate nature, libre à
eux de nier les sentiments supérieurs. Mais
les psychologues ne sont pas de cet avis. Ils
ont su, par des analyses exactes, découvrir
les parcelles d'or que contient plus ou moins
virtuellement toute nature humaine et qui
rayonnent avec tant d'éclat chez les meilleurs. Voici d'une façon brève les résultats de
cette analyse.

Parmi les sentiments, les uns naissent de
la possession des biens personnels, dont le
caractère est de ne pouvoir se communiquer
à plusieurs. Ils engendrent des actions
comme celles de boire, de manger, de dor-
mir, de jouer, de monter à cheval, de passer
dans un tourbillon de poussière en automo-
bile, d'aller l'été dans les villes d'eaux répa-
rer les désordres qu'a causés dans l'organisme le surmenage de tous les plaisirs... Ce
sont les sentiments égoïstes où l'on se propose
un double but : son bien d'abord et ensuite,
pour donner à ce bien une saveur plus
relevée, le mal d'autrui.

Dans les autres sentiments, il y a bien
encore une satisfaction propre et quelquefois

très vive ; car il faut de toute nécessité qu'une action humaine se rattache à des mobiles internes. Mais alors l'orientation n'est plus la même. La personnalité n'est plus, comme chez le hérisson, ramassée en boule et toujours prête à dresser ses pointes hostiles. Elle est expansive, désireuse de communiquer avec les autres, de s'intéresser à leur sort, de faire du bien d'autrui une part intégrante et parfois prépondérante du sien.

Un des premiers mobiles qui portent au sacrifice, c'est la pitié. Or ce sentiment est bien réel, et il acquiert, dans certains cas, assez de force pour surmonter les tendances égoïstes. La démonstration psychologique de ce fait est fort simple. Le point de départ du sentiment est, d'ordinaire, extérieur : c'est un être malheureux qui souffre d'un besoin, qui ressent une douleur, qui se plaint d'une injustice, qui pleure un mort, en un mot, qui est affligé de quelque souffrance physique ou morale. Par le mécanisme de l'association, le spectacle du mal éveille dans le témoin l'idée du mal, et cela, avec d'autant plus de force que le spectacle est plus frappant. Cette idée s'accroît encore de toutes les idées semblables qu'elle évoque. La sensibilité est, en effet, beaucoup plus affectée, quand on a éprouvé soi-même des états analogues à ceux qu'on a sous les yeux. Autour de l'impression actuelle viennent, en outre, se grouper les images tristes qui sont suggérées à l'imagination et qui contribuent à accroître encore le sentiment de malaise et de peine. Ces images consistent dans la représentation des suites les plus ordinaires du malheur présent, représentation qui atteint chez les imaginations fortes un très haut degré de vivacité. Arrivée à ce point, la conscience se trouve envahie, presque tout entière, par une tristesse dont la cause extérieure est à demi effacée, de sorte que, par une illusion précieuse pour la solidarité, elle considère cette tristesse comme sienne et elle éprouve une forte tendance à la faire disparaître. La compassion devient ainsi active, et elle s'ingénie à secourir, à guérir, à consoler. Le dernier antécédent de l'acte est bien interne, mais ce serait par un étrange abus du terme qu'on appellerait l'action égoïste, *puisqu'elle a une origine et un but étrangers à l'agent.* L'intérêt se porte moins sur notre moi que sur le moi des autres ; la « gravitation sur soi » n'existe plus, le centre d'attraction est placé en dehors ; l'action est bien altruiste.

Ce serait, du reste, se faire une idée bien imparfaite de la puissance des sentiments sympathiques, si l'on pensait qu'ils ne peu-

vent s'adresser qu'à des individualités concrètes. La pitié éveillée par la vue des souffrances individuelles, se manifeste même
chez l'animal. Le privilège de l'homme est de
ne pas se borner au particulier, mais de voir,
à travers des images concrètes, des traits qui
s'appliquent à toute une collectivité. De là
l'extension indéfinie qui appartient aux sentiments altruistes. Quelques exemples particuliers suffisent à évoquer dans l'esprit la
multitude des cas semblables, et la vision de
tant de souffrances accumulées donne à la
volonté un élan proportionné à la grandeur
du mal. Car l'idée, semblable à un hôte d'une
importunité bienfaisante, est désormais logée
en vous, et elle ne vous laisse aucun répit
tant qu'elle n'a pas mis en jeu toutes vos
énergies et toutes vos ressources.

La vue de quelques enfants abandonnés au
coin des rues a fait songer à la multitude de
ces infortunés, et à la nécessité de les arracher à une mort presque certaine par la
création d'institutions d'assistance. Mme Be-
cker Stowe a vu les misères de quelques
familles nègres, et sa pitié s'est émue pour
la race entière. Dickens et d'autres philan-
thropes anglais ont vu les visages haves et
les corps étiques de petits ouvriers de moins
de dix ans, qui travaillaient quinze heures

par jour dans des fabriques malsaines. Et, hantés par ces visions lugubres, harcelés sans cesse par l'image de ces figures implorantes, ils ont dépensé le meilleur de leur être pour la suppression radicale de ces maux, maux encore une fois qui, en fait, leur étaient étrangers et que, cependant, ils sentaient en eux-mêmes avec l'acuité de maux personnels. Il y a plus encore. Le sentiment peut s'attacher, de sa prise la plus solide, à un objet sans valeur mais qui acquiert un prix infini, quand il est le signe d'une grande chose. Un bâton disposé en croix, une étoffe colorée qui flotte autour d'une hampe, sont des symboles d'une vertu évocatrice si puissante que beaucoup sont morts ou disposés à mourir pour leur défense.

L'honneur, la gloire, la puissance, doivent aussi être comptés au nombre de ces biens dont le prix, pour n'être pas débattu dans le marché aux légumes ou dans les banques, n'en est pas moins réel. Ce n'est point l'avis de ces âmes mercantiles qui n'apprécient que les espèces sonnantes. Heureux d'abriter leur bassesse et leur nullité sous le couvert de formules empruntées à la philosophie pessimiste, les égoïstes et les médiocres, qui ont pour mépriser la gloire la raison du renard en présence d'excellents raisins mais trop haut placés, répètent, sous des formes variées, la parole du Psalmiste « vanité des vanités, et tout est vanité », ou encore celle qu'on prête à Platon « la gloire est le rêve d'une ombre ». La formule est élégante, mais la pensée est détestable, comme toutes celles qui célèbrent sur le mode funèbre le néant des choses humaines. Si la gloire est une illusion, le mépris en est une aussi, et il devient indifférent d'être Hugo ou un versificateur mirlitonnesque, Hoche ou un général traître à son pays, Mme Boucicaut ou la Sapho à la mode, Monthyon ou l'apache expert en cambriolage et habile dans l'art d'assommer sa victime.

Il est bon de montrer que la gloire vaut mieux que le mépris.

D'abord, la louange est toujours accueillie avec plaisir. Elle nous confirme dans la bonne opinion que nous avons de nous-même, en indiquant que notre mérite n'est point passé inaperçu aux yeux obstinément aveugles de l'amour-propre des rivaux. Elle est une marque de domination sur les esprits et d'influence sur les volontés. Passer pour habile dans un art ou dans une science est un sûr moyen de gagner la confiance de ses contemporains et de leur faire accepter sa direction. La réputation amplifie les forces du génie en lui donnant pour auxiliaires tous ceux qui sont persuadés de sa supériorité.

Cette augmentation de pouvoir n'est-elle pas un bien réel? Bien d'autant plus vivement senti que l'imagination condense, dans le raccourci du moment actuel, non seulement les influences présentes, mais toutes les influences futures, même celles qui doivent survivre à l'individu, parce qu'elles se prolongeront dans l'avenir au moyen du livre et de la tradition. N'est-ce rien d'agir sur les contemporains et parfois sur les générations suivantes? N'est-ce rien de faire pénétrer dans les intelligences une vérité, dans les cœurs un principe de conduite? La vie humaine n'est pas seulement un échange de particules matérielles entre l'organisme et le milieu extérieur. Le meilleur de la vie réside dans l'action, dans les modifications que l'on fait subir à la nature et surtout aux hommes. La vie est d'autant plus ample que le cercle de l'action est lui-même plus étendu. Or, l'action est d'autant plus limitée que le bien poursuivi est plus personnel, à cause des compétitions qu'elle rencontre dans les autres volontés. Au contraire, l'effort aura un pouvoir modificateur sur un nombre d'hommes d'autant plus considérable qu'il tendra à un bien plus général, plus communicable, plus capable de solliciter, en même temps, le désir d'une multitude indéfinie de personnes.

A ce point de vue, la transmigration ou même la multiplication des âmes n'est pas tout à fait une erreur, tout au moins pour ces hommes privilégiés, dont les doctrines, passionnément étudiées par d'innombrables disciples, revivent fidèlement dans la longue suite des esprits qui cherchent à reproduire le modèle admiré. Cette filiation morale est bien supérieure à la genèse physique. Car celle-ci est très bornée et, bientôt, très incertaine. Au bout de peu de temps, les influences ancestrales, transmises avec le sang, deviennent insignifiantes au milieu du concours des autres causes modificatrices ; en outre, elles ne s'exercent que sur un nombre très restreint d'individus. La production des âmes peut être, au contraire, illimitée dans le temps. L'empreinte primitive, bien des fois reproduite, a chance de se transmettre à travers les âges, sans subir, dans les cas favorables, d'altérations marquées. Est-ce que, pour ne parler que des moralistes, Socrate, Platon, Aristote, Boudha, Jésus, Mahomet, Descartes, Spinosa, Kant... n'ont pas inspiré la conduite d'une foule de disciples ? Est-ce qu'ils n'ont pas vraiment vécu dans l'âme de leurs innombrables admirateurs ?

Mais le chœur des médiocres insiste. La recherche de la gloire ? Sottise ! Pour quelques-uns qui réussissent, combien échouent ! Ils soufflent avec ardeur leurs bulles de savon, qui se teignent un instant de couleurs menteuses et qui crèvent sans laisser d'autre trace qu'une goutte d'eau sale. — Certes, tous n'arrivent pas à la renommée, à l'influence, à l'autorité. Mais l'effort pour monter aux cimes a, malgré tout, sa valeur. Le héros obscur qui succombe sous le poids de sa tâche, se console en pensant que les belles choses sont difficiles à acquérir. Jusque dans la défaite, il a conscience du mérite de sa tentative, et il garde la fierté qui l'avait porté aux entreprises hardies.

Les médiocres, qui ont de si puissantes raisons pour ne pas comprendre cette élévation de pensée et ce superbe dédain des succès vulgaires, s'écrient, comme si ces mots étaient une condamnation sans réplique : mais c'est là de l'ambition et de l'orgueil ! — Sans doute. Mais, si les ambitions purement égoïstes peuvent être proscrites, il y a aussi des ambitions légitimes. Et c'est dans cette catégorie que rentre le désir de contribuer au bien de l'humanité. Quant à l'orgueil, quand il est la volonté de se mettre toujours au-dessus de soi-même, loin de mériter l'anathème, il est digne de l'éloge qu'en fait Alfred de Musset dans ces vers :

Tout nous vient de l'orgueil, même la patience.
L'orgueil, c'est la pudeur des femmes, la constance
Du soldat dans le rang, du martyr sur la croix.
L'orgueil c'est la vertu, l'honneur et le génie,
Tout ce qui reste encor d'un peu beau dans la vie,
La probité du pauvre et la grandeur des rois.

Telles sont les considérations générales qui ont semblé nécessaires pour fixer *l'idée* et *la valeur* de la morale ; pour déterminer *la nature du bien moral ;* pour établir *la réalité du devoir ;* et enfin pour indiquer *les moyens* les plus propres à la réalisation de ces deux objets intimement unis entre eux : le bien et le devoir.

CHAPITRE V

RÉSUMÉ DES POINTS ACQUIS

Mais sans entrer dans le détail des applications de ces principes, applications à réaliser aux divers degrés de l'enseignement public, il est utile, pour les besoins de la clarté et d'un emploi méthodique et facile, de présenter les points acquis en une série de théorèmes, formulés avec le plus de précision possible et dans leur ordre de dépendance logique.

I. — Les sciences morales, comparées aux sciences physiques, sont dans un état manifeste d'infériorité. Cependant elles sont si importantes qu'il est nécessaire d'appliquer tous ses efforts à leur développement.

II. — La morale n'est pas une science purement spéculative. Dans un enseignement moral, il ne s'agit pas d'appprendre à disserter avec habileté sur les mœurs, mais l'essentiel est de développer la moralité.

III. — Pour arriver à ce résultat il faut trois choses : 1° connaître le bien moral ; 2° vou-

loir le réaliser; 3° savoir les moyens propres
à cette réalisation.

LE BIEN MORAL

IV. — La connaissance de ce bien moral
s'obtient moins par la méthode subjective que
par l'observation, objective, variée, étendue,
telle que la pratique la méthode sociologique

V. — La thèse sociologique consiste à placer au-dessus des consciences individuelles,
faillibles et sans autorité, *une conscience collective*, seule capable de déterminer le véritable bien et de dicter des arrêts obligatoires.

VI. — Pourquoi? — C'est que cette conscience collective est en quelque sorte la voix
de l'humanité, une voix pleine d'autorité parce
qu'elle est l'expression de la sagesse de tous
les temps.

VII. — Quel est le principe fondamental de
cette conscience? — C'est que le bien moral
consiste surtout dans les qualités internes,
dans l'organisation mentale, dans la valeur de
la personnalité. Ces qualités sont :

VIII. — 1° La foi en l'humanité et la confiance en soi, c'est-à-dire la croyance à la réalité du bien et à la possibilité de l'acquérir.

IX. — 2° La bonne volonté, qui consiste
essentiellement dans le respect d'une règle
générale, fixe, objective.

X. — 3° L'harmonie intérieure, d'où se forme *une personnalité stable*, cohérente, qui se subordonne les ébauches de personnalités opposées ; qui s'adapte à la fonction et au rôle social ; qui s'appuie sur les qualités naturelles sans s'y asservir ; qui utilise les influences de l'éducation, du milieu et des circonstances, dans la mesure où ces influences s'accordent avec les tendances constitutives de cette personnalité dominante.

XI. — *Le bien véritable, c'est d'être un homme*, non pas cet homme général dans lequel certains moralistes, par souci d'une perfection impossible, ont le tort de rassembler des qualités disparates ou même contradictoires, mais un homme chez qui toutes les fonctions mentales s'harmonisent et concourent à la formation du type moral le mieux approprié à sa nature et à sa condition.

XII. — Les bonnes actions sortent naturellement de cette personnalité de prix, qui est toujours d'accord avec elle-même et avec le meilleur de l'humanité.

LE DEVOIR

XIII. — L'homme ne vit pas seul. Dans le développement de sa personnalité, il doit tenir compte des autres personnalités. Car, s'il s'attribue des droits, sa raison, interprète de la raison collective, de la raison amie de l'ordre et de la généralité, l'oblige à en reconnaître de semblables aux êtres de même nature.

XIV. — *Le respect de ces droits fait* ’a ’tc *intégrante du véritable bien personnel.* Les devoirs que la conscience collective prescrit et impose, contribuent en chacun à la formation de l'être moral, en donnant plus de force au caractère et plus de stabilité à la personnalité morale, celle qui est dominée et régie par la raison.

XV. — *L'obligation fondamentale est de subordonner sa volonté individuelle à cette volonté générale,* qui s'est élaborée à travers les siècles et qui se manifeste aujourd'hui dans l'élite de l'humanité.

XVI. — De là découlent tous les devoirs qui s'appliquent non à l'homme considéré comme individu, mais à l'homme vivant dans une société.

XVII. — *Tous ces droits gravitent autour de la fonction sociale.* La condition essentielle pour ne pas heurter les sentiments des honnêtes gens, c'est de choisir une fonction sociale utile, et de la remplir en se conformant aux règles prescrites par une longue tradition, et approuvées d'ailleurs par la raison personnelle.

XVIII. — Le mot « fonction » est pris ici dans une acception générale et analogue à celle qu'on lui attribue en physiologie, où tous les organes, depuis le cerveau jusqu'à l'intestin, ont une fonction, c'est-à-dire des actes de nature déterminée à accomplir.

XIX. — A ce point de vue, tous les membres d'une société ont une fonction à remplir, fonction dont il est permis d'accepter les avantages, mais dont il faut aussi savoir supporter les charges et les risques.

XX. — Les héros, pour lesquels l'humanité réserve sa plus haute admiration, franchissent les limites de la justice. Ils appliquent dans leur conduite cette devise de Pasteur : « En fait de bien à accomplir, le devoir ne cesse que là où le pouvoir fait défaut. »

RÉALISATION DU BIEN

XXI. — La morale est une science pratique. Il ne suffit donc pas de connaître le bien et de vouloir le réaliser. Il faut de plus *savoir et pouvoir* le réaliser.

XXII. — La tentative serait vaine, si le caractère de l'homme était immuable. Mais cette immutabilité n'existe pas.

XXIII. — Pour arriver à la formation d'une personnalité morale, il faut d'abord imprimer fortement dans l'esprit l'idée du bien, la rendre dominante, la faire passer, pour ainsi dire, dans les muscles, et l'incorporer à l'être tout entier.

XXIV. — Puisqu'une idée puise sa force dans les énergies vitales et ne peut se réaliser que par l'emploi de ces énergies, c'est vers le développement, la puissance et la bonne direction de l'activité qu'il faut ensuite tourner ses efforts.

XXV. — L'individu, ainsi armé du côté de l'esprit et de la volonté, est capable de lutter contre le mal, soit pour le supprimer, soit pour l'atténuer, soit enfin pour le supporter avec courage, quand il est inévitable.

XXVI. — Le premier degré de la sagesse est de lutter contre le mal et d'en triompher. Mais ce n'est pas assez. La noblesse de l'homme vient de son aspiration vers le mieux, des tendances qui le portent à chercher toujours à se dépasser lui-même.

XXVII. — Cette tendance au mieux qui enfante les formes diverses de l'héroïsme n'est pas une duperie. Car les biens matériels ne sont ni les seuls, ni les plus grands.

VALEUR DE LA MORALE

XXVIII. — La morale a une valeur supérieure à toutes les autres sciences pratiques;

1º par l'élévation du but qu'elle propose ; 2º par l'indication des moyens positifs qui sont propres à atteindre ce but.

XXIX. — *Donc la morale doit avoir une place prépondérante aux divers degrés de l'enseignement public.*

XXX. — Cette place doit être réservée, avec plus de soin encore dans une démocratie, où la liberté dégénérerait bien vite en licence, si la contrainte extérieure, supprimée en partie, n'était pas remplacée par un frein intérieur plus puissant.

TABLE DES MATIÈRES

INTRODUCTION. — Progrès dans les sciences physiques. — Infériorité des sciences morales. L'instruction et l'éducation. — Comment réaliser des progrès dans les sciences morales.   1

CHAPITRE PREMIER
CONCEPTION ET VALEUR DE LA MORALE

§ 1. — La morale n'est pas une science purement spéculative 7

§ 2. — Elle est surtout une *science pratique*. Elle a une matière à transformer : l'homme. Elle possède tout un ensemble de règles propres à diriger l'exécution et à parvenir au résultat voulu. Elle tend à des fins hiérarchisées. 11

§ 3. — *Sa valeur*. La morale a la prétention de dominer toutes les autres sciences pratiques par l'élévation du but qu'elle propose. — Comparaison avec les différentes sciences pratiques : 1º l'agriculture, le commerce et l'industrie : *la richesse* n'est pas le souverain bien ; 2º la médecine et l'hygiène : *la santé* n'est pas non plus le souverain bien ; 3º ni *les plaisirs* sous leurs formes diverses : les plaisirs de la table ; de l'amour ; des divertissements et des jeux ; 4º ni même les jouissances de *l'art ;* 5º enfin la morale est supérieure à la *logique,* à la *politique* et à la *religion.*   17

CHAPITRE II
DE LA CONNAISSANCE DU BIEN MORAL

§ 1. — Le bien moral est supérieur à tous les autres, mais non absolu ni unique 45

§ 2. — Comment le découvrir ? Cela est très facile, suivant les uns, grâce au sens moral. — Cela est impossible, disent les sceptiques. — Cela est difficile, mais possible. Toute science est progressive 48

§ 3. — La méthode à suivre est l'expérience. 1º l'expérience individuelle. Son mérite. Son insuffisance ; 2º l'expérience objective, variée, étendue 53

§ 4. — La conscience collective 56

§ 5. — Principes de cette conscience. Le bien consiste essentiellement dans les qualités internes, dans l'organisation mentale. 61

a. Foi, confiance en soi et dans l'humanité. Un *credo* modeste. — b. Bonne volonté. Volonté de se soumettre à une règle fixe. — c. Formation d'une personnalité stable. — d. Importance de la fonction sociale. — e. Les bonnes actions sont les produits naturels de cette personnalité de choix. 63

CHAPITRE III
DE LA CONNAISSANCE DU DEVOIR

§ 1. Le bien individuel dépend aussi de l'extérieur et particulièrement des autres personnalités. Ces rapports donnent naissance aux *devoirs* 71

§ 2. — *Devoirs généraux et stricts*. 74
    a. Sincérité, pas d'hypocrisie, mais pas de cynisme. — *b*. Pas de profession criminelle en soi, choisir une fonction utile. *Bien remplir sa fonction* : pas d'irrégularité ; adaptation à la fonction choisie, déchéance morale de celui qui accomplit mal sa fonction ; au contraire, noble attitude de celui qui accepte les charges de sa fonction, même les plus lourdes 74

§ 3. — Devoirs de *famille* 85

§ 4. — Devoirs envers la *patrie* 87

§ 5. — *Devoirs larges*. Pas d'aumône orgueilleuse. Les secours mutuels (le baron Taylor). Moralité dans les mutualités. Le devoir de défendre son droit, et sa dignité qui contribue à celle du groupe. Porter sa fonction au plus haut point d'excellence 88

CHAPITRE IV
DE LA RÉALISATION DU BIEN ET DU DEVOIR

§ 1. — Possibilité de changement. 101

§ 2. — Pratique pédagogique. Les méthodes 109
    a. Méthode libérale, J.-J. Rousseau et H. Spencer. — *b*. Méthode de contrainte. Recours à un appui étranger, souvent surnaturel. — *c*. Notre méthode 109

§ 3. — *La méthode*. Quatre échelons 120
    1° *Acquérir les qualités de l'esprit*, avoir l'idée du bien. Rendre cette idée dominante. La faire passer dans nos muscles 121
    2° *Acquérir les qualités de la volonté*. Force physique. Hygiène appropriée au genre d'occupation. — Volonté de puissance. Croyance dans la causalité morale. — Persévérance. 126
    3° *Lutter contre le mal*. Représentation du mal. Désir de le supprimer. Recherche des causes. Nécessité du mal et résignation. — Possibilité fréquente d'atténuer le mal. 129
    4° *Tendre vers le mieux*. Les vertus actives. Comment donner de la force à l'idée du bien ; représentation concrète du bien ; répétition des images ; l'idée ne doit pas être illusoire ; association de l'idée aux mobiles de la sensibilité. Mobiles principaux : la fierté, la pitié, l'honneur. . . 133

CHAPITRE V
RÉSUMÉ DES POINTS ACQUIS

Présentés en une série de théorèmes. 151

ÉVREUX, IMPRIMERIE CH. HÉRISSEY, PAUL HÉRISSEY succr

BIBLIOTHÈQUE DE PHILOSOPHIE CONTEMPORAINE
Volumes in-16; chaque vol. broché : 2 fr. 50

R. Allier.
Philos. d'Ernest Renan. 3e édit.

G. Aslan.
Expér. et invent. en morale.

A. Bayet.
La morale scientifique. 2e éd.

Bergson.
Le rire. 8e éd.

A. Binet.
La psychol. du raisonn. 5e éd.

G. Bohn.
La nouvelle psychologie animale.

G. Bos.
Psychol. de la croyance. 2e éd.
Pessimisme, féminisme, etc.

C. Bouglé.
Les sciences soc. en Allem.

E. Boutroux.
Conting. des lois de la nature.

J. Bourdeau.
Maîtres de la pensée contemp.
Socialistes et sociologues.
Pragmatisme et modernisme.

Brunschvicg.
Introd. à la vie de l'esprit. 3e éd.
Idéalisme contemporain.

C. Coignet.
Évolution du protestantisme.

G. Compayré.
L'adolescence. 2e édition.

A. Cresson.
La morale de Kant. 2e éd.
Le malaise de la pensée philos.
Philosophie naturaliste.

Danville.
Psychologie de l'amour. 5e éd.

Delvolvé.
Organis. de la consc. morale.
Rationalisme et tradition.

Dromard.
Les songes de la vie intérieure.

L. Dugas.
Le psittacisme.
La timidité. 5e édition.
Psychologie du rire. 2e édit.
L'absolu.

Dugas et F. Moutier.
La dépersonnalisation.

Duguit.
Droit social et droit individuel.

Dumas.
Le sourire.

Ch. Dunan.
Les deux idéalismes.

G.-L. Duprat.
Les causes sociales de la folie.
Le mensonge. 2e édit.

E. Durkheim.
Règles de la méth. soc. 6e éd.

Emerson.
Essais choisis.

R. Eucken.
Le sens et la valeur de la vie.

Fiérens-Gevaert.
Essai sur l'art contemp. 2e éd.
La tristesse contemp. 5e éd.
Psychologie d'une ville. 3e éd.
Nouveaux essais sur l'art.

Fournière.
Essai sur l'individualisme.

Rogues de Fursac.
Un mouvement mystique.
L'avarice.

Guyau.
Genèse de l'idée de temps.

E. Goblot.
Justice et Liberté. 2e éd.

Grasset.
Limites de la biologie. 6e éd.

Jankelevitch.
Nature et société.

A. Joussain.
Fondem. psychol. de la morale.
Esquisse d'une philosophie de la nature.

N. Kostyleff.
Crise de la psychol. expérim.

Lachelier.
Fondem. de l'induction. 6e éd.
Le syllogisme.

J.-M. Lahy.
La Morale de Jésus.

C.-A. Laisant.
L'éduc. fond. s. la science. 3e éd.

A. Landry.
La responsabilité pénale.

Gustave Le Bon.
Évolution des peuples. 10e éd.
Psychologie des foules. 17e éd.

F. Le Dantec.
Le déterminisme biol. 4e éd.
L'individualité. 3e éd.
Lamarckiens et Darwiniens. 4e éd.
Le chaos et l'harmonie univ.

L. Liard.
Logiciens angl. contemp. 5e éd.
Définitions géomét. 3e éd.

H. Lichtenberger.
Philos. de Nietzsche. 13e édit.
Frag. et aphor. de Nietzsche.

G. Milhaud.
La certitude logique. 3e éd.
Le rationnel.

Ossip-Lourié.
Pensées de Tolstoï. 3e édit.
Nouvelles pensées de Tolstoï.
La philos. de Tolstoï. 3e éd.
La philos. sociale dans Ibsen.
Le bonheur et l'intelligence.
Croyance religieuse.

Palante.
Précis de sociologie. 5e édit.
La sensibilité individualiste.

D. Parodi.
Le problème moral.

Fr. Paulhan.
La fonction de la mémoire.
Psychologie de l'invention.
Les phénomènes affectifs. 3e éd.
Analyses et esprits synthétiq.
La morale de l'ironie.
Logique de la contradiction.

Peladan.
Philos. de Léonard de Vinci.

J. Philippe.
L'image mentale.

Philippe et Paul-Boncour.
Anomalies ment. chez les écoliers.

Proal.
Éducat. et suicide des enfants.

Queyrat.
L'imag. chez l'enfant. 4e éd.
L'abstraction dans l'éduc. 2e éd.
Les caractères. 4e éd.
La logique chez l'enfant. 3e éd.
Les jeux des enfants. 3e éd.
La curiosité.

G. Rageot.
Les savants et la philosophie.

G. Renard.
Le régime socialiste. 6e édit.

Rey.
L'énergétique et le mécanisme.

Th. Ribot.
Probl. de psychol. affective.
La psych. de l'attention. 11e éd.
La phil. de Schopen. 12e éd.
Les mal. de la mém. 22e éd.
Les mal. de la volonté. 27e éd.
Mal. de la personnalité. 15e éd.

G. Richard.
Social. et science sociale. 2e éd.

Ch. Richet.
Psychologie générale. 9e éd.

Roussel-Despierres.
L'idéal esthétique.

S. Rzewuski.
L'optim. de Schopenhauer.

E. Rœhrich.
L'attention.

Seillière.
Philos. de l'impérialisme.

F. Simiand.
La méthode positive et science économique.

P. Sollier.
Les phénomènes d'autoscopie.
L'association en psychologie.
Morale et moralité.

Souriau.
La rêverie esthétique.

Sully Prudhomme.
Psych. du libre arbitre. 2e éd.

Sully Prudhomme et Ch. Richet.
Probl. des causes finales. 3e éd.

Tanon.
L'évolution du droit. 3e éd.

G. Tarde.
La criminalité comparée. 7e éd.
Les transform. du droit. 7e éd.
Les lois sociales. 6e éd.

Thamin.
Éducation et positivisme.

P.-F. Thomas.
La suggestion et l'éduc.
Morale et éducation. 3e éd.

www.ingramcontent.com/pod-product-compliance
Lightning Source LLC
Chambersburg PA
CBHW052048090426
42739CB00010B/2091